RETRAITES
des Agents des Chemins de Fer secondaires d'intérêt général, des Chemins de Fer d'intérêt local et des Tramways.

LOIS -- DÉCRETS

CIRCULAIRES

PARIS

IMPRIMERIE ADMINISTRATIVE CENTRALE

(Ancienne Maison JOUSSET)

8, Rue de Furstenberg (VIe)

OCTOBRE 1928

RETRAITES
des Agents des Chemins de Fer secondaires d'intérêt général, des Chemins de Fer d'intérêt local et des Tramways.

LOIS -- DÉCRETS
CIRCULAIRES

PARIS
IMPRIMERIE ADMINISTRATIVE CENTRALE
(Ancienne Maison JOUSSET)
8, Rue de Furstenberg (VI°)

OCTOBRE 1928

RETRAITES

des Agents des Chemins de Fer secondaires d intérêt général, des Chemins de fer d'intérêt local et des Tramways.

LOIS -- DÉCRETS -- CIRCULAIRES

I. — LOIS

LOI DU 22 JUILLET 1922

Modifiée par les lois des 23 Août 1923, 15 Janvier 1925 et 31 Mars 1928 (1).

§ 1er. — Principes généraux.

ARTICLE PREMIER. — 1. Il sera servi aux agents des voies ferrées d'intérêt local et aux agents des chemins de fer d'intérêt général, autres que ceux soumis à la loi du 21 juillet 1909, en service permanent depuis au moins un an, une retraite au moins égale à celle établie par la présente loi.

2. Il sera créé à cet effet une caisse autonome mutuelle qui fonctionnera dans les conditions énoncées ci-après et sous le contrôle de l'Etat, dans les conditions prévues à la loi du 5 avril 1910.

3. Les autres agents, y compris ceux des exploitations saisonnières non pourvus d'un emploi permanent, seront placés sous le régime de la loi du 5 avril 1910.

4. La présente loi ne s'applique pas :

1° Aux agents des chemins de fer souterrains ;

---

(1) Les modifications apportées par les lois des 23 août 1923, 15 janvier 1925 et 31 mars 1928 figurent en italique dans le texte ci-après.

2° Aux agents des lignes concédées à des compagnies minières, agrégés à la caisse autonome instituée par la loi du 25 février 1914 ;

3° Aux agents des compagnies qui jouissent déjà d'un régime de retraites leur donnant des avantages au moins équivalents à ceux prévus par la présente loi ;

4° Aux agents des compagnies dans lesquelles un tel régime viendrait à être appliqué dans le délai d'un an à partir de la promulgation de la loi et dont les propositions ont été soumises à l'homologation ministérielle avant le 1er janvier 1922.

5. Les agents de ces compagnies qui ne font pas partie des caisses prévues aux paragraphes 1°, 2°, 3° et 4° ci-dessus sont affiliés de plein droit à la caisse autonome.

6. Toutefois, les agents qui font partie des caisses visées aux paragraphes 3° et 4° ci-dessus auront la faculté d'opter, soit pour le régime de retraites institué par la présente loi, soit pour le régime spécial de leur compagnie ou administration. *Ils devront en aviser cette dernière au plus tard le dernier jour du deuxième mois qui suivra la décision du ministre des travaux publics déterminant si le régime des retraites de leur compagnie ou de leur administration donne des avantages au moins équivalents à ceux prévus par la présente loi.*

7. *La décision du ministre devra intervenir avant le 1er août 1923* (1).

ART. 2. — 1. Sont considérés comme agents des voies ferrées appelés à bénéficier des dispositions de la présente loi tous les agents — employés ou ouvriers des deux sexes — attachés, d'une manière régulière et permanente, à une administration ou à une compagnie exploitant un réseau de voies ferrées et un service de transports en commun sur routes, lorsque les deux exploitations sont confondues et que les agents sont affectés indistinctement à l'une ou à l'autre exploitation.

2. *Au cas où un service de transport en commun sur route serait substitué à une ligne ou un réseau d'intérêt local, les agents déjà affiliés à la caisse autonome mutuelle conserveront leurs droits acquis, sous réserve pour eux et les exploitants de remplir toutes les autres obligations de la présente loi* (2).

---

(1) Modifié par la loi du 23 août 1923 (article 2). Ancien texte : « Ils devront en aviser cette dernière, par lettre recommandée, au plus tard le 1er avril 1923. »
(2) Alinéa nouveau introduit par la loi du 31 mars 1928 (article 1er).

— 5 —

§ II. — Affiliation.

Art. 3. — 1. L'affiliation au régime des retraites est obligatoire après un an de service continu dans un emploi permanent d'une administration de chemins de fer ou de tramways susvisés, effectué après que l'intéressé aura satisfait aux obligations du service militaire dans l'armée active.

2. *Toutefois, lorsque l'intéressé aura été réformé, soit avant, soit après l'incorporation, ou dispensé, pour une cause quelconque de tout ou partie de ses obligations militaires, l'année d'emploi permanent ne pourra commencer qu'à partir du jour où la classe à laquelle il appartient, par son âge ou par son engagement volontaire, sera rentrée dans ses foyers* (1).

3. Pour les femmes, l'affiliation a lieu après une année d'emploi permanent à compter de leur majorité ou de leur mariage.

4. Dans tous les cas, l'affiliation partira du 1er du mois qui suivra l'expiration des délais ci-dessus.

§ III. — Alimentation de la caisse des retraites.

Art. 4. — La caisse autonome mutuelle des retraites sera alimentée par un prélèvement sur les salaires, par des versements faits par les compagnies et par l'État.

Art. 5. — 1. Tous les salariés seront soumis aux charges et bénéficieront des avantages des retraites, mais les salaires supérieurs à 18.000 francs ne seront comptés que pour ce chiffre (2).

2. *Pour bénéficier de cette disposition, les agents qui avaient déjà dépassé le taux de 12.000 francs au 1er janvier 1923, ou qui l'ont dépassé depuis cette date, devront, ainsi que leurs employeurs, verser rétroactivement à la caisse autonome mutuelle les retenues correspondantes.*

3. *Les exploitants et les agents sont tenus solidairement responsables de ces versements.*

---

(1) Modifié par la loi du 31 mars 1928 (article 2). Ancien texte : « Toutefois, lorsque l'intéressé aura été réformé, soit avant, soit après l'incorporation, l'année d'emploi permanent ne pourra commencer qu'à partir du jour où la classe à laquelle il appartient, par son âge, sera rentrée dans ses foyers. »

(2) Modifié par la loi du 31 mars 1928 (article 3). Ancien texte : « ... mais les salariés supérieurs à 12.000 francs... »

4. Au cas où l'agent serait titulaire d'un livret de superretraite, il pourrait être procédé par simple virement des comptes (1).

5. Dans les traitements ou salaires, on comprendra les primes et tous les avantages accessoires assimilés à une augmentation de salaire qui ne constituent pas un remboursement de frais, un secours ou une gratification.

Art. 6. — Chaque agent subira une retenue de 5 % sur son salaire et, au maximum, sur *18.000 francs* par an, pour être versée à la caisse autonome mutuelle ; *ce prélèvement sera porté à 5 1/2 % au 1ᵉʳ janvier 1930 et à 6 % au 1ᵉʳ janvier 1933* (2).

Art. 7. — 1. Les versements de l'exploitant seront de 6 % des salaires jusqu'au maximum fixé de *18.000 francs* par agent et par an. *Ils seront portés à 6 1/2 % au 1ᵉʳ janvier 1930 et à 7 % au 1ᵉʳ janvier 1933* (3).

2. Cette charge patronale sera portée au compte des dépenses d'exploitation de chaque entreprise.

3. Des avenants aux conventions seront établis, dans le délai d'un an à dater de la mise en vigueur de la loi, en vue de modifier temporairement les cahiers des charges et les conditions et formules figurant dans les actes de concession, pour les cas où la somme définie au paragraphe suivant ne permettrait pas de couvrir la charge patronale.

4. Cette somme sera égale au produit net d'exploitation, majoré des subventions de l'Etat et des pouvoirs concédants, et diminué des charges du capital-obligations, de l'intérêt des actions non amorties à raison d'un maximum de 4 % et, éventuellement, des dépenses de grosses réparations des voies.

5. Pour les exploitations en régie directe, le produit net sera majoré des subventions de l'Etat et diminué de toutes annuités et charges de rachat.

6. Les avenants ci-dessus visés seront approuvés dans tous les cas par décret délibéré en Conseil d'Etat.

7. Lorsque l'application du présent article imposera une charge financière aux pouvoirs concédants, l'Etat y contribuera à concurrence des trois cinquièmes, jusqu'au 31 décembre 1927.

---

(1) Les alinéas nᵒˢ 2, 3 et 4 de l'article 5 ont été ajoutés par la loi du 31 mars 1928 (article 2).

(2) Modifié par la loi du 31 mars 1928 (article 4). Ancien texte : « ... et, au maximum, sur 12.000 francs par an... »

(3) Modifié par la loi du 31 mars 1928 (article 5). Ancien texte : « ... jusqu'au maximum fixé de 12.000 francs par agent... »

8. A partir du 1er janvier 1928, la contribution patronale des retraites sera tout entière considérée comme une charge normale d'exploitation.

Art. 8. — L'Etat versera annuellement à la caisse autonome mutuelle une somme équivalente à celle qu'exigeraient de lui les charges qui résulteraient de l'affiliation des agents aux retraites ouvrières et paysannes, étant entendu que ce versement ne sera pas inférieur à 1 % du montant des salaires des agents en activité.

§ IV. — Fonctionnement de la caisse autonome mutuelle.

Art. 9. — 1. Les versements seront effectués à capital aliéné à la caisse autonome mutuelle.

2. Les versements des agents et des exploitants se feront à la fin de chaque trimestre, ceux des agents étant effectués pour leur compte par l'exploitant, qui en fera la retenue d'office sur leur salaire.

3. En aucun cas, les exploitants ne pourront se refuser à effectuer les versements ainsi prescrits.

4. Même en cas d'insuffisance du produit net, ils devront parfaire le versement de 6 % du montant des salaires, quitte à se faire rembourser, dans les conditions prévues à l'article 7, par les pouvoirs concédants.

5. La caisse jouira de la personnalité civile.

Art. 10. — 1. La caisse autonome mutuelle fonctionnera sous le système de la répartition, étant entendu que l'excédent des recettes qui restera à la caisse chaque année — formera un fonds de réserve qui sera versé à la caisse autonome mutuelle, et auquel viendront s'ajouter, chaque année, les intérêts. Ce fonds de réserve servira à combler, le cas échéant, l'insuffisance des recettes et à constituer, à partir de la quinzième année de fonctionnement de la loi, le capital de couverture des pensions liquidées.

2. A l'expiration de la dixième année, le ministre des travaux publics, d'accord avec le ministre des finances, proposera, s'il y a lieu, la révision des versements alimentant la caisse autonome ou des mesures propres à assurer la péréquation des charges. Cette révision se fera ensuite de dix en dix ans.

3. Les placements de fonds seront effectués dans les conditions prévues par le paragraphe 3 de l'article 15 de la loi du 5 avril 1910.

4. La gestion financière de la caisse autonome mutuelle des agents des chemins de fer secondaires sera confiée à la caisse des dépôts et consignations qui effectuera gratuitement les placements, moyennant le simple remboursement des droits et frais de courtage ou d'acquisition.

5. Les placements de la caisse autonome seront effectués sur sa propre désignation ; la caisse des dépôts et consignations ne pourra se refuser à exécuter les ordres d'achat ou de vente, sauf à les fractionner, s'il y a lieu, suivant la situation du marché, et sauf avis contraire de la section permanente du conseil supérieur des retraites ouvrières, en ce qui concerne les ordres de vente.

6. Le compte courant ouvert par la caisse des dépôts et consignations au profit de la caisse autonome des retraites des agents des chemins de fer secondaires produira un intérêt égal à celui du compte courant de la caisse des dépôts et consignations au Trésor.

7. Un règlement d'administration publique, rendu sur la proposition des ministres des travaux publics, des finances et du travail, après avis de la commission de surveillance de la caisse des dépôts et consignations, déterminera les mesures d'exécution relatives à la gestion financière.

8. *La Caisse aura toutefois la faculté d'acquérir et de posséder des immeubles, en vue de l'installation de ses services.*

9. *Elle pourra, en outre, affecter un capital, au plus égal à un dixième de l'actif du fonds de réserve, à l'acquisition de propriétés bâties dans les villes de la métropole de plus de 100.000 habitants (1).*

ART. 11. — 1. La caisse autonome mutuelle sera administrée par un conseil d'administration composé de :

1° Six membres élus par le personnel ;

2° Six membres élus par les compagnies ;

3° Trois conseillers généraux et trois représentants des communes intéressées, désignés par le ministre de l'intérieur ;

4° Le directeur de la caisse des dépôts et consignations et le directeur des retraites ouvrières et paysannes ;

5° Un représentant du ministre des travaux publics et un du ministre des finances.

---

(1) Les deux derniers alinéas de l'article 10 ont été introduits par la loi du 31 mars 1928 (article 6).

2. Le conseil nommera parmi ses membres un président et un secrétaire.

3. Un règlement d'administration intérieure, élaboré par le conseil d'administration et soumis à l'approbation du ministre des travaux publics, déterminera les attributions et émoluments des agents de la caisse autonome, ainsi que le fonctionnement administratif et les règles de la comptabilité de ladite caisse.

§ V. — Importance des retraites.

Art. 12. — 1. Après trente ans *d'affiliation*, les agents, employés ou ouvriers de l'un ou de l'autre sexe, auront droit à la retraite s'ils ont atteint l'âge de cinquante-cinq ans quand ils appartiennent au personnel roulant ou soixante ans dans toutes les autres catégories.

2. Ils pourront cependant, s'ils le demandent, et avec le consentement de l'exploitant, être maintenus en activité au delà des limites d'âge ci-dessus indiquées ; l'entrée en jouissance de la pension sera alors reculée aussi longtemps que le titulaire restera en activité.

3. Dans tous les cas, l'entrée en jouissance de la pension partira du 1er du mois qui suivra la date réelle de la mise à la retraite.

4. Sera classé dans la catégorie du personnel roulant tout agent *justifiant d'au moins quinze ans d'affiliation dans ledit service.*

5. *Le temps passé ou à passer sous les drapeaux, en sus du service dans l'armée active, entre, en cas de mobilisation, en ligne de compte dans la durée du service.*

6. *Pour bénéficier de cet avantage, les agents mobilisés devront avoir appartenu au personnel du réseau avant la date de leur mobilisation et y avoir repris leur emploi dans le délai de six mois suivant leur démobilisation, ou dans le délai de six mois qui suivra la remise en exploitation du réseau, au cas où celle-ci aurait été interrompue du fait des hostilités.*

7. *Pour couvrir la caisse autonome mutuelle des charges résultant du paragraphe ci-dessus, les autorités concédantes, État, départements ou communes, verseront chaque année à la dite caisse une subvention équivalente à 1 % du salaire du personnel en activité.*

8. *Sous les mêmes conditions de présence antérieure au réseau, les agents demeurés dans les régions envahies bénéficieront de tout ou partie des années de guerre dans le calcul du minimum de quinze ans d'affiliation exigé pour l'obtention de leur retraite, sans*

cependant que les dites années de guerre donnent lieu à l'attribution de soixante-quinzièmes.

9. Les intéressés devront d'ailleurs justifier de leurs droits dans les formes qui seront prescrites par la caisse autonome mutuelle.

10. Dans le cas où un agent retraité reprendrait un service régulier et permanent dans une exploitation, sa pension serait suspendue et il serait immédiatement procédé à sa réaffiliation.

11. Seuls, seront exceptés de cette mesure, à titre exceptionnel, les emplois accessoires d'importance réduite ou de caractère saisonnier, après avis conforme donné dans chaque cas par la caisse autonome mutuelle (1).

ART. 13. — 1. Le taux de la pension pour tous les agents réunissant les conditions d'âge et de durée *d'affiliation* indiquées au premier paragraphe de l'article 12 ne pourra être inférieur *à un cinquantième, par année d'affiliation,* du montant du salaire moyen *des trois dernières années.* Toutefois, pour un agent du service roulant qui, dans les cinq années précédant sa mise à la retraite,

---

(1) Modifié par la loi du 31 mars 1928 (article 7). Ancien texte : « 1. Après trente ans de service, les agents — employés ou ouvriers de l'un ou l'autre sexe — auront droit à la retraite s'ils ont atteint l'âge de cinquante-cinq ans, quand ils appartiennent au personnel roulant, ou soixante ans dans toutes les autres catégories.

» 2. Ils pourront cependant, s'ils le demandent, et avec le consentement de l'exploitant, être maintenus en activité au delà des limites d'âge ci-dessus indiquées.

» 3. L'entrée en jouissance de la pension sera alors reculée aussi longtemps que le titulaire restera en activité.

» 4. Sera classé dans la catégorie du personnel roulant tout agent ayant fait au moins quinze ans dans ce service roulant.

» 5. Le temps qui sera passé sous les drapeaux, en sus du service dans l'armée active, entrera, en cas de mobilisation, en ligne de compte dans la durée du service. Pour bénéficier de cet avantage, les agents mobilisés devront avoir appartenu au personnel du réseau au moins une période continue d'un an avant la date de leur mobilisation et y avoir repris leur emploi dans le délai de six mois suivant leur démobilisation.

» 6. Dans tous les cas, l'entrée en jouissance de la pension partira du 1er du mois qui suivra la date réelle de la mise à la retraite. »

Le 5e alinéa de l'ancien article 12 ci-dessus reproduit de la loi du 22 juillet 1922 a été ultérieurement modifié par la loi du 15 janvier 1925 (article 1er) et remplacé par les deux alinéas suivants :

« *Le temps passé ou à passer sous les drapeaux, en sus du service dans l'armée active, entre, en cas de mobilisation, en ligne de compte dans la durée du service.*

» *Pour bénéficier de cet avantage, les agents mobilisés devront avoir appartenu au personnel du réseau pendant au moins une période continue d'un an avant la date de leur mobilisation et y avoir repris leur emploi dans le délai de six mois suivant leur démobilisation ou dans le délai de six mois qui suivra la remise en exploitation du réseau au cas où celle-ci aurait été interrompue du fait des hostilités.* »

serait dans un autre service, la retraite ne pourrait être inférieure, à celle calculée sur la base du salaire moyen *des trois dernières années* dans le service roulant.

2. Les agents et les exploitants possèdent le droit d'améliorer les retraites au moyen de versements supplémentaires qui seront portés sur un livret spécial à chaque agent et lui constitueront ainsi une superretraite.

3. Les versements portés sur le livret seront faits à capital réservé et la totalité du capital — formé par ces versements capitalisés au taux moyen des placements de la caisse autonome — pourra, sur la demande de l'agent, être remise à celui-ci quand il prendra sa retraite (1).

ART. 14. — 1. Tout agent qui, en période normale, sera atteint par la limite d'âge, avant d'avoir la durée *d'affiliation* prévue par la loi, aura droit, s'il a, au moins quinze ans *d'affiliation*, à une retraite proportionnelle sur la base de *un cinquantième* du salaire moyen des *trois dernières années* par année *d'affiliation*.

2. *S'il a moins de quinze années d'affiliation, les versements faits à son compte, majorés des intérêts à 5 %, seront acquis à la caisse autonome mutuelle, à charge par elle de constituer à l'agent intéressé une rente viagère immédiate correspondante, à capital aliéné. Celui-ci pourra toutefois obtenir le remboursement desdits versements et des intérêts à 5 %, s'il en exprime la volonté par une lettre recommandée adressée à la caisse autonome, dans la quinzaine qui suivra la date où il aura quitté son emploi (2).*

ART. 15. — 1. L'agent, employé ou ouvrier qui, par suite de maladie, blessures ou infirmités ne résultant pas de l'exercice de

---

(1) Modifié par la loi du 31 mars 1928 (article 8). Ancien texte : « Le taux de la pension, pour tous agents réunissant les conditions d'âge et de durée de service indiquées au premier paragraphe de l'article 12, ne pourra être inférieur à un soixantième, par année de versement, du montant du salaire moyen des six dernières années:

« Toutefois, pour un agent du service roulant qui, dans les cinq années précédant sa mise à la retraite, serait dans un autre service, la retraite ne pourrait être inférieure à celle calculée sur la base du salaire moyen des six dernières années dans le service roulant. »

(2) Modifié par la loi du 31 mars 1928 (article 9). Ancien texte : « Tout agent qui, en période normale, sera atteint par la limite d'âge, de cinquante-cinq ou soixante ans, avant d'avoir la durée de service prévue par la loi, aura droit, s'il a au moins quinze ans de service, à une retraite proportionnelle sur la base de un soixantième du salaire moyen des six dernières années, par année de versement.

« S'il a moins de quinze ans de service, il aura droit à la remise de tous les versements effectués à son compte, majorés de leurs intérêts à 3 %. »

ses fonctions sera dans l'impossibilité de continuer son service, suivant décision d'une commission de réforme, aura droit à la remise de tous les versements effectués à son compte, majorés de leurs intérêts à 5 %, s'il a moins de quinze ans *d'affiliation*.

2. S'il a plus de quinze ans *d'affiliation*, il aura droit à une retraite immédiate sur la base *d'un cinquantième* du salaire moyen *de son emploi, pendant les trois dernières années*, par année d'affiliation.

3. *Par dérogation aux dispositions ci-dessus, l'agent malade, blessé ou infirme relevant de la période transitoire aura droit à une retraite immédiate, calculée sur les bases de l'ancien article 19 de la loi du 22 juillet 1922, modifié par l'article 14 de la présente loi, s'il réunit au moins quinze années de service* (1).

ART. 16. — 1. Si l'invalidité résulte de l'exercice de ses fonctions, *dans les termes de la loi du 9 avril 1898 et de la loi du 25 octobre 1919 ou des lois subséquentes qui viendraient à les compléter*, il aura droit à une pension à jouissance immédiate sur la base *d'un cinquantième du salaire moyen des trois dernières années d'affiliation ou, à défaut, des années d'affiliation qui auront précédé la date de son accident*, avec minimum de huit *cinquantièmes*.

2. Les rentes dues aux agents victimes d'accidents du travail sont totalisées avec *ladite pension*.

3. Cependant, si le total excède *80 % du salaire soumis à retenue, effectivement touché pendant les douze mois qui ont précédé l'accident*, la retraite servie par la caisse autonome sera réduite en conséquence (2).

ART. 17. — 1. *A partir du 1er janvier 1927*, lorsqu'un agent, employé ou ouvrier, quittera le service en dehors des causes spécifiées ci-dessus, *ses droits seront ainsi liquidés :*

---

(1) Modifié par la loi du 31 mars 1928 (article 10). Ancien texte : « L'agent, employé ou ouvrier, qui, par suite de maladie, blessures ou infirmités ne résultant pas de l'exercice de ses fonctions, sera dans l'impossibilité de continuer son service, suivant décision d'une commission de réforme, aura droit à la remise de tous les versements effectués à son compte, majorés de leurs intérêts de 3 %, s'il a moins de quinze ans de service.

» S'il a plus de quinze ans de service, il aura droit à une retraite immédiate sur la base de un soixantième du salaire moyen des six dernières années, par année d'affiliation. »

(2) Modifié par la loi du 31 mars 1928 (article 11). Ancien texte : « Si l'invalidité résulte de l'exercice de ses fonctions, il aura droit à une pension à jouissance immédiate sur la base du soixantième du salaire par année de versement, avec minimum de huit soixantièmes.

» Les rentes dues aux agents victimes d'accidents du travail sont totalisées avec celle-là.

» Cependant, si le total excède les deux tiers du traitement de l'agent, la retraite servie par la Caisse autonome sera réduite en conséquence. »

2. *S'il a au moins quinze ans d'affiliation, il aura droit à une pension de retraite différée jusqu'à ce qu'il ait atteint la limite d'âge de son emploi. Toutefois, pour la femme employée au réseau qui quittera ses fonctions en même temps que son mari mis à la retraite d'office à la limite d'âge, les quinze années d'affiliation ne seront pas exigées pourvu qu'elle ait quinze années de service.*

3. *S'il a moins de quinze ans d'affiliation, ses versements personnels seront capitalisés par la caisse autonome mutuelle, dans les mêmes conditions de taux que les versements supplémentaires prévus à l'article 13 de la loi du 22 juillet 1922, pour lui constituer à l'âge de 60 ans une rente à capital aliéné.*

4. *En cas de fermeture d'un réseau ou de licenciement de tout ou partie du personnel, l'agent dont l'emploi aura été supprimé et qui relève de la période transitoire, aura droit à une retraite différée, calculée sur les bases de l'ancien article 19, modifié par l'article 14 de la présente loi, s'il a au moins vingt ans de service.*

5. *L'article 3 de la loi du 15 janvier 1925 est applicable aux pensions liquidées à cette date (1).*

6. *Un agent pourra passer d'une compagnie dans une autre et continuera à être affilié au régime des retraites de la caisse autonome, mais ce, sous la double condition de faire partie du cadre permanent de la nouvelle compagnie et de subir un stage d'un an sans versements qui ne comptera pas dans la durée de service exigée pour la retraite.*

7. *Toutefois, le stage ci-dessus ne sera pas exigé, si la mutation d'une compagnie à une autre a lieu avec l'assentiment des deux compagnies intéressées.*

8. *Dans tous les cas, les droits antérieurs acquis par l'agent à bénéficier des avantages du régime des retraites de la caisse autonome lui sont conservés (2).*

---

(1) Modifié par la loi du 31 mars 1928 (article 12).

(2) Modifié par la loi du 15 janvier 1925 (article 2). Ancien texte de l'article 17 de la loi du 22 juillet 1922 : « 1. Lorsqu'un agent, employé ou ouvrier, quittera le service en dehors des causes spécifiées ci-dessus il aura droit à ses versements personnels qui seront employés de la manière suivante :

» La caisse autonome versera :

1° A la caisse des retraites ouvrières et paysannes une somme égale aux annuités majorées des intérêts nécessaires que l'agent et l'exploitant auraient versées à cette caisse, si l'agent n'avait pas été affilié à la caisse autonome;

» 2° A la caisse nationale des retraites pour la vieillesse, pour lui constituer une retraite à l'âge de cinquante-cinq ans, le surplus de ses versements personnels :

» Sans intérêts, s'il a moins de dix ans de service;

» Majorés des intérêts de 1 %, s'il a de dix à quinze ans de service;

¿ VI. — Réversibilité.

Art. 18. — 1. Les pensions de retraite sont réversibles pour moitié au profit des veuves, sauf en cas de divorce et de séparation de corps prononcés aux torts exclusifs de la femme.

2. La réversibilité n'aura lieu que si le mariage est de trois ans au moins antérieur à l'époque à laquelle le mari aura cessé ses fonctions. Aucune condition de durée de mariage ne sera exigée pour la réversibilité s'il existe un enfant né des conjoints au moment où le mari cesse ses fonctions.

3. Lorsque la cessation des fonctions du mari sera la conséquence d'un accident survenu dans le service il suffira que le mariage soit antérieur à l'accident.

4. A défaut de veuve habile à recevoir la pension, les orphelins, *issus du mariage ou d'un précédent mariage, ou reconnus dans les formes légales*, âgés de moins de 18 ans, auront droit à la réversibilité de la demi-pension (1).

5. En cas de décès d'un agent en service, les veuves et orphelins ont droit, dans les conditions indiquées par les deux premiers alinéas du présent article, à la réversibilité de la moitié de la pension à laquelle aurait droit le mari en raison de son âge ou de sa durée d'affiliation.

6. Toutefois, si le mari a moins de quinze ans de service, les ayants droit recevront simplement les versements effectués au compte du mari, majorés des intérêts simples à 3 %.

» Majorés des intérêts de 2 %, s'il a de quinze ans à vingt ans de service ;
» Majorés des intérêts de 3 %, s'il a vingt ans de service et au-dessus.
» 2. En ce qui concerne le décompte de la période des versements donnant droit aux subventions de l'Etat, la somme versée en vertu du paragraphe 1er (alinéa 1o) ci-dessus comptera pour un nombre d'annuités égal à celui des versements faits par l'agent à la caisse autonome.
» 3. Il sera délivré à l'agent deux livrets, un pour la retraite ouvrière et paysanne, et un autre pour la caisse nationale des retraites pour la vieillesse, livrets qui seront sa propriété personnelle et où figureront les sommes portées à son compte, calculées comme il est indiqué ci-dessus.
» 4. Un agent pourra passer d'une compagnie dans une autre et continuera à être affilié au régime des retraites de la caisse autonome, mais, ce, sous la double condition de faire partie du cadre permanent de la nouvelle compagnie, et de subir un stage d'un an avec versements ne comptant pas dans la durée du service exigée pour la retraite. »
(1) Modifié par la loi du 31 mars 1928 (article 13). Ancien texte : « A défaut de veuve habile à recevoir la pension, les orphelins âgés de moins de dix-huit ans auront droit à la réversibilité de la demi-pension. »

§ VII. — Période transitoire.

Art. 19. — 1. *A partir du 1er janvier 1927 et sans effet rétroactif au delà de cette date, les agents qui ont eu leur retraite liquidée dans les conditions du paragraphe premier de l'ancien article 19 de la loi du 22 juillet 1922, auront droit à la majoration nécessaire pour atteindre par année de service, déduction faite de la première, un soixante-quinzième du salaire moyen des trois dernières années.*

2. A partir de la même date, les agents qui ont eu ou qui auraient eu leur retraite liquidée dans les conditions du paragraphe 2 de l'ancien article 19, auront droit à la majoration nécessaire pour atteindre :

Un soixante-quinzième pour chaque année de service antérieure au 1er janvier 1923, déduction faite de la première.

Un cinquantième pour chaque année de service postérieure, à la condition qu'ils aient au moins quinze ans de services et qu'ils réalisent les conditions d'âge requises par la loi du 22 juillet 1922.

3. Ces sommes seront fournies directement par la caisse autonome.

4. Si un agent ou ayant droit d'agent bénéficie déjà d'une retraite constituée avec l'aide de l'Etat, des départements, des communes ou des exploitants, les pensions ci-dessus seront calculées de manière que pension et retraite ne donnent pas, eu égard à l'ensemble des services et par année, déduction faite de la première, une somme globale supérieure à un cinquantième du traitement moyen des trois dernières (1).

---

(1) Modifié par la loi du 31 mars 1928 (article 14) qui a abrogé l'ancien texte de l'article 19 de la loi du 22 juillet 1922 ci-après reproduit : « 1. A tout agent ayant plus de soixante ans d'âge et au moins quinze ans de service, lors de l'application de la présente loi, qui demandera sa mise à la retraite, il sera servi pour chaque année de service effectif : 1 % du salaire moyen des six dernières années de service.

» 2. Par la suite, il sera servi à tout agent mis à la retraite une pension calculée sur les bases suivantes :

» 1o 1 % pour chaque année de service antérieure à la présente loi;

» 2o Un soixantième pour chaque année de service postérieure à la condition qu'il ait, en totalité, au moins quinze ans de service et qu'il réalise les conditions d'âge requises par la présente loi.

» 3. Ces sommes seront fournies directement par la Caisse autonome.

» 4. Si un agent ou un ayant droit d'agent bénéficie déjà d'une retraite constituée avec l'aide de l'Etat, des départements, des communes ou des exploitants, la pension résultant de l'application du paragraphe 1er et du paragraphe 2 (alinéa 1er) ci-dessus sera calculée de manière qu'en l'ajoutant à ladite retraite elle ne donne pas une somme globale supérieure à un soixantième du traitement moyen des six dernières années, par année de service.

» 5. Les agents licenciés depuis le 1er janvier 1922 bénéficieront des avan-

§ VIII. — Dispositions générales.

Art. 20. — 1. Dans le délai d'un an, toutes les caisses spéciales non visées à l'article 1er seront liquidées. Un décret portant règlement d'administration publique déterminera les conditions de liquidation de chaque caisse ; mais, en principe, les sommes que possèdent ces caisses seront réparties entre les agents qui y sont affiliés, au prorata des versements faits par eux ou à leur compte et portées sur un livret spécial à chacun d'eux. Les fonds seront versés à la caisse autonome.

2. La caisse nationale des retraites pour la vieillesse ou celle de même nature ayant reçu des fonds pour les retraites de ces agents resteront débitrices vis-à-vis de ces derniers des rentes éventuelles ou inscrites correspondant aux versements reçus par elles, mais par l'intermédiaire de la caisse autonome.

3. Exception sera faite pour les agents des compagnies, employés lors de la promulgation de la présente loi, jouissant d'un régime de retraites par répartition, non visé à l'article 1er.

4. Pour ces derniers, la caisse autonome mutuelle instituée par la présente loi se substituera à la caisse existante et servira des retraites équivalentes à celles prévues par cette caisse jusqu'à ce que le montant de la retraite instituée par cette loi lui devienne égal ou supérieur.

5. A ce moment, les agents affiliés à cette caisse tomberont sous le régime de la présente loi.

6. Les fonds de réserve pouvant exister dans de telles caisses de répartition viendront s'ajouter, dès la dissolution de cette caisse, au fonds de prévoyance de la caisse autonome mutuelle.

7. Les compagnies qui effectuent déjà des versements supérieurs à 6 % ne pourront se prévaloir, pour les agents actuellement en service, des dispositions de la présente loi pour diminuer la part qu'elles supportaient pour leur compte personnel. Le cas échéant, les sommes excédant ainsi les versements prescrits par la présente loi seront versées au livret spécial prévu à l'article 13.

---

tages du régime transitoire, s'ils remplissent les conditions exigées par le présent article. »

La loi du 15 janvier 1925 (article 3) avait complété l'article ci-dessus par l'adjonction de l'alinéa suivant : « *Sauf l'attribution de centièmes pour les années de services antérieures à la présente loi, l'importance des retraites et des remboursements qui seront dus sera déterminée conformément aux dispositions des titres V et VI ci-dessus.* »

Art 21. — Le régime qui vient d'être défini entrera en vigueur le 1er janvier 1923.

Art. 22. — 1. La pension de retraite sera payée trimestriellement aux ayants droit.

2. Elle est incessible et insaisissable jusqu'à concurrence de *3.000 francs* ; pour le surplus, la pension est cessible jusqu'à concurrence du dixième et saisissable pour un autre dixième (1).

Art. 23. — 1. La composition et le fonctionnement des commissions de réforme prévues par la présente loi seront déterminés pour les réseaux de chaque département par un décret rendu dans la forme de règlement d'administration publique.

2. Cette commission devra comprendre des représentants de l'Etat, des représentants des autorités concédantes, des délégués des exploitants et des représentants élus du personnel.

Art. 24. — En cas de retard dans les versements ou de contestation entre la caisse autonome et les exploitants, ceux-ci seront redevables envers la caisse, non seulement de la somme en litige, mais encore des intérêts capitalisés à 6 % et ce, à compter du jour où les versements auraient dû être faits.

Art. 25. — Les certificats, actes de notoriété et autres pièces relatives à l'exécution de la présente loi seront délivrés gratuitement et dispensés d'autres droits de timbre et d'enregistrement.

Art. 26. — La présente loi est applicable aux départements du Bas-Rhin, du Haut-Rhin et de la Moselle.

Un règlement d'administration publique fixera les conditions dans lesquelles les dispositions de la présente loi seront étendues à l'Algérie.

---

(1) Modifié par la loi du 31 mars 1928 (article 15). Ancien texte : « ... jusqu'à concurrence de 720 francs... »

LOI DU 23 AOUT 1923

étendant les dispositions de la loi du 22 juillet 1922 relatives aux retraites des agents des chemins de fer secondaires d'intérêt général, des chemins de fer d'intérêt local et des tramways, aux agents de nationalité étrangère employés sur les lignes de chemins de fer et de tramways visées par ladite loi.

ARTICLE PREMIER. — 1. Les dispositions de la loi du 22 juillet 1922 relatives aux retraites des agents des chemins de fer secondaires d'intérêt général, des chemins de fer d'intérêt local et des tramways sont applicables aux agents de nationalité étrangère employés sur les lignes de chemins de fer et de tramways visées par ladite loi.

2. Toutefois, pour ce qui concerne ces agents, l'Etat ne versera à la caisse autonome mutuelle la somme prévue à l'article 8 que si des traités avec leurs pays d'origine garantissent à nos nationaux des avantages équivalents à ceux de la loi susvisée.

3. A défaut de tels traités, les pensions acquises en exécution des dispositions des articles 13, 14, 15, 16 et 18 seront réduites, pour les agents de nationalité étrangère, d'une fraction égale à la moyenne arithmétique du rapport, pendant les années de service des intéressés, entre les versements exécutés par l'Etat au compte des agents de nationalité française et la totalité des versements alimentant la caisse autonome. Lesdits agents ne seront pas appelés à bénéficier des dispositions transitoires de l'article 10.

ART. 2. — Le dernier paragraphe de l'article 1er de la loi du 22 juillet 1922 est modifié comme suit : (*voir page 4*, imprimé en italique, le texte de la modification).

LOI DU 15 JANVIER 1925

ayant pour objet la modification des articles **12, 17** et **19** de la loi du **22** juillet **1922** relative aux retraites des agents des chemins de fer secondaires d'intérêt général, des chemins de fer d'intérêt local et des tramways.

ARTICLE PREMIER. — Le cinquième paragraphe de l'article 12 de la loi du 22 juillet 1922 est ainsi modifié : (*voir* page 10, imprimé en italique et en renvoi, le texte de la modification).

ART. 2. — Le dernier paragraphe de l'article 17 est modifié comme suit : (*voir* page 13, imprimé en italique, le texte de la modification).

ART. 3. — L'article 19 de la loi du 22 juillet 1922 est ainsi complété : (*voir* page 16, imprimé en italique et en renvoi, le texte de cette addition).

Dispositions transitoires

ART. 4. — 1. Les agents, dont la retraite a été liquidée avant la promulgation de la présente loi, bénéficieront, le cas échéant, de l'article 12, § 5 nouveau, de la loi du 22 juillet 1922.

2. Pour couvrir la caisse autonome mutuelle des nouvelles charges résultant des articles ci-dessus, les versements dus par l'Etat en vertu de l'article 8 de la loi susdite seront majorés jusqu'au 31 décembre 1925 suivant un taux à fixer par la loi de finances et qui ne pourra toutefois excéder 0,75 % du montant des salaires des agents en activité. Ensuite, ces charges seront imputées selon la loi à intervenir sur le nouveau régime des chemins de fer d'intérêt local.

LOI DU 31 MARS 1928

**tendant à modifier et à compléter la loi du 22 juillet 1922
relative aux retraites des agents
des chemins de fer secondaires d'intérêt général, des
chemins de fer d'intérêt local et des tramways.**

Le texte des quinze premiers articles de cette loi figure, imprimé en italique, aux pages ci-après indiquées du présent recueil :

ARTICLE PREMIER. — L'article 2 de la loi du 22 juillet 1922 est ainsi complété : (*voir* page 4).

ART. 2. — Le deuxième paragraphe de l'article 3 de la loi du 22 juillet 1922 est modifié comme suit : (*voir* page 5).

ART. 3. — Le premier paragraphe de l'article 5 de la loi du 22 juillet 1922 est ainsi modifié : (*voir* page 5).

ART. 4. — L'article 6 de la loi du 22 juillet 1922 est modifié comme suit : (*voir* page 6).

ART. 5. — Le premier paragraphe de l'article 7 de la loi du 22 juillet 1922 est modifié comme suit : (*voir* page 6).

ART. 6. — L'article 10 de la loi du 22 juillet 1922 est complété par les deux paragraphes additionnels suivants : (*voir* page 8).

ART. 7. — L'article 12 de la loi du 22 juillet 1922, modifié par l'article 1er de la loi du 15 janvier 1925, est remplacé par les dispositions suivantes : (*voir* pages 9 et 10).

ART. 8. — Le premier paragraphe de l'article 13 de la loi du 22 juillet 1922 est ainsi modifié : (*voir* pages 10 et 11).

ART. 9. — L'article 14 de la loi du 22 juillet 1922 est remplacé par les dispositions suivantes : (*voir* page 11).

ART. 10. — L'article 15 de la loi du 22 juillet 1922 est modifié comme suit : (*voir* pages 11 et 12).

ART. 11. — L'article 16 de la loi du 22 juillet 1922 est remplacé par le suivant : (*voir* page 12).

Art. 12. — Les trois premiers paragraphes de l'article 17 de la loi du 22 juillet 1922 sont abrogés et remplacés par les suivants : (*voir* pages 12 et 13).

Art. 13. — Le quatrième paragraphe de l'article 18 de la loi du 22 juillet 1922 et modifié comme suit : (*voir* page 14).

Art. 14. — L'article 19 de la loi du 22 juillet 1922 est abrogé et remplacé par les dispositions suivantes : (*voir* page 15).

Art. 15. — L'article 22 de la loi du 22 juillet 1922 est ainsi modifié : (*voir* page 17).

Art. 16. — A titre exceptionnel, une allocation complémentaire annuelle renouvelable, mais non réversible, sera servie aux anciens agents retraités des voies ferrées d'intérêt local, des réseaux secondaires d'intérêt général et des tramways, bénéficiaires de l'indemnité de cherté de vie de 720 francs, mais ne relevant pas de la loi du 22 juillet 1922.

Le montant en est fixé à 500 francs, payables par semestre échu, à partir du 1er janvier 1927.

Les sommes nécessaires seront prélevées avant toute répartition, savoir :

Pour les agents relevant des départements : sur la part du fonds commun qui leur revient en vertu de l'article 63 de la loi du 25 juin 1920 ;

Pour les agents relevant des communes : à l'aide d'un prélèvement effectué dans les mêmes conditions sur les fonds communs affectés au profit des communes par les lois des 22 février 1918 et et 25 juin 1920 ;

Pour les agents relevant de l'Etat, l'annuité nécessaire sera fixée et inscrite dans la loi de finances.

L'Etat versera les dits prélèvements à un fonds de réserve spéciale qui sera géré par la caisse autonome mutuelle instituée par la loi du 22 juillet 1922.

Un décret annuel en fixera le montant d'après les besoins présumés, sauf décompte définitif en fin d'exercice, de manière que cette caisse puisse récupérer exactement ses avances. Les frais de gestion dé ce fonds de réserve spéciale seront remboursés à la caisse autonome mutuelle ; le pourcentage en sera fixé par un arrêté du ministre des travaux publics, après avis du conseil d'administration de la caisse.

Art. 17. — Sont abrogées toutes dispositions contraires à la présente loi.

II. — DÉCRETS

DÉCRET DU 30 JANVIER 1923

portant règlement d'administration publique pour l'exécution de la loi du 22 juillet 1922, relative aux retraites des agents des chemins de fer secondaires d'intérêt général, des chemins de fer d'intérêt local et des tramways, en ce qui concerne : 1° l'organisation et le fonctionnement du conseil d'administration de la caisse autonome ; 2° la gestion financière de cette caisse.

TITRE PREMIER

Dispositions générales concernant l'administration de la caisse.

ARTICLE PREMIER. — La caisse autonome mutuelle de retraites des agents des chemins de fer secondaires d'intérêt général, des chemins de fer d'intérêt local et des tramways a son siège à Paris, au lieu fixé par son conseil d'administration.

ART. 2. — Le conseil d'administration de la caisse autonome mutuelle règle toutes les affaires de la caisse en conformité du présent décret et du règlement intérieur prévu à l'article 11 de la loi du 22 juillet 1922.

Il nomme tous les agents, dont un directeur et un trésorier, et peut également prononcer leur révocation ; le choix du directeur et du trésorier est soumis à l'agrément des ministres des travaux publics, du travail et des finances.

Il fait procéder, par un ou plusieurs de ses membres, au moins une fois par mois, à la vérification de l'encaisse, des écritures et des autres parties du service.

Jusqu'à la première constitution du conseil d'administration, les pouvoirs du conseil sont exercés par un délégué provisoire désigné par décret sur la proposition des ministres des travaux publics, du travail et des finances.

Un directeur et un trésorier seront, pour cette même période, nommés par un arrêté des ministres des travaux publics, du travail et des finances. Les nominations ainsi faites seront soumises pour ratification au conseil d'administration dès sa première séance.

Art. 3. — Les membres composant le conseil d'administration, autres que les membres de droit, sont nommés pour quatre ans. Ils peuvent être élus ou désignés à nouveau à l'expiration de leur mandat.

Ils sont renouvelables par moitié tous les deux ans.

Le premier renouvellement aura lieu à l'expiration des deux premières années de fonctionnement ; les membres renouvelables à la fin des deux premières années seront désignés par voie de tirage au sort.

Nul ne peut être élu ou désigné au conseil d'administration de la caisse s'il n'est en possession de ses droits civils et politiques et ne jouit de la qualité de Français.

Les élections des représentants du personnel et des représentants des exploitants ont lieu conformément aux dispositions d'un décret rendu en conseil d'Etat sur le rapport des ministres des travaux publics et du travail, après avis du conseil d'administration de la caisse autonome.

Les exploitations sont réparties, pour les élections au conseil d'administration de la caisse autonome, en deux sections électorales ainsi composées :

1re section. — Chemins de fer secondaires d'intérêt général et voies ferrées d'intérêt local autres que les tramways urbains.

2e section. — Tramways urbains.

Chacune de ces sections a droit, pour chaque catégorie d'électeurs, à trois délégués titulaires ; elle élit, en outre, trois délégués suppléants.

Le tirage au sort prévu au 3e alinéa du présent article fera connaître si les membres à renouveler sont :

Le représentant du ministre des travaux publics ou le représentant du ministre des finances ;

Les trois conseillers généraux ou les trois représentants des communes ;

Les représentants (exploitants et agents) des chemins de fer secondaires d'intérêt général et voies ferrées d'intérêt local autres que les tramways urbains et les représentants (exploitants et agents des tramways urbains).

Dans sa première séance et ensuite à chaque renouvellement biennal, le conseil d'administration désigne le président et le secrétaire ; il peut, en même temps, compléter le bureau par la désignation d'un ou de deux vice-présidents et d'un secrétaire-adjoint.

Art. 4. — Les administrateurs qui assistent aux séances du conseil ou à des séances de commissions ont droit à des jetons de présence. Ceux d'entre eux qui n'habitent pas Paris peuvent, en outre, être remboursés de leurs frais de voyage et de séjour.

Les mêmes dispositions s'appliquent aux membres autres que les membres de droit lorsqu'ils procèdent aux vérifications prévues à l'article 2.

La quotité de ces diverses attributions est déterminée par le règlement intérieur prévu à l'article 11 de la loi du 22 juillet 1922.

Art. 5. — Le conseil d'administration se réunit, sur la convocation de son président, au moins une fois par trimestre, et aussi souvent que l'administration de la caisse l'exige.

Les convocations sont adressées huit jours au moins avant celui de la séance.

Le conseil d'administration ne peut valablement délibérer que si la moitié au moins des membres qui le composent assistent à la séance ou y sont représentés comme il est dit au paragraphe 7 ci-après.

Néanmoins, après une seconde convocation, indiquant que le quorum n'a pa été atteint, les délibérations sont valables quel que soit le nombre des membres présents ou représentés.

Les avis sont pris à la majorité des voix des membres présents ou représentés.

En cas de partage, la voix du président est prépondérante.

Le directeur de la caisse des dépôts et consignations et le directeur des retraites ouvrières et paysannes désignent annuellement le fonctionnaire de leur administration qui sera chargé, en cas d'empêchement, de les représenter au conseil d'administration. Le représentant du ministre des travaux publics et le représentant du ministre des finances sont, dans le même cas, remplacés par le fonctionnaire de la même administration désigné annuellement comme suppléant par le ministre des travaux publics ou le ministre des finances. Les autres membres empêchés d'assister à une séance peuvent, avec l'agrément du président, s'y faire représenter par un autre membre du conseil, appartenant à la même catégorie d'après l'énumération suivante :

a) Membres élus par le personnel des chemins de fer secondaires d'intérêt général et des voies ferrées d'intérêt local autres que les tramways urbains ;

b) Membres élus par le personnel des tramways urbains ;

c) Membres élus par les exploitants de chemins de fer secondaires d'intérêt général et de voies ferrées d'intérêt local autres que les tramways urbains ;

d) Membres élus par les exploitants de tramways urbains ;

e) Conseillers généraux ;

f) Représentants des communes.

Les délibérations sont inscrites par ordre de date sur un registre coté et paraphé par le juge de paix du siège de la caisse ; elles sont signées par le président et par le secrétaire du conseil d'administration. Les extraits de ces délibérations sont délivrés sous les mêmes signatures.

ART. 6. — Tout membre qui n'exerce plus les fonctions à raison desquelles il fait partie du conseil d'administration de la caisse autonome cesse de plein droit d'être membre de ce conseil.

Tout membre qui, sans excuse reconnue valable par le président, aura manqué trois séances consécutives, sera considéré comme démissionnaire.

Dans l'un et l'autre cas, le membre cessant de faire partie du conseil de la caisse autonome est remplacé dans les conditions suivantes :

— S'il s'agit de l'un des conseillers généraux ou de l'un des représentants des communes, il est procédé immédiatement, par le ministre de l'intérieur, à la nomination d'un nouveau titulaire, pour la période restant à courir jusqu'au prochain renouvellement.

S'il s'agit d'un représentant du personnel ou des compagnies, le siège est attribué de plein droit, à l'un des suppléants de la même catégorie, dans les conditions fixées par le décret prévu à l'article 3 ci-dessus.

ART. 7. — Le directeur est chargé d'assurer l'exécution des décisions du conseil d'administration. Il assiste, avec voix consultative, aux séances du conseil d'administration et représente la caisse en justice et dans tous les actes de la vie civile.

ART. 8. — S'il a été commis des infractions aux règles de comptabilité ou d'autres irrégularités dans la gestion de la caisse, la dissolution du conseil d'administration peut être prononcée par décret rendu en conseil d'Etat, sur le rapport des ministres des travaux publics, du travail et des finances.

Le conseil doit être préalablement mis en demeure par le ministre des travaux publics de fournir des explications dans un délai déterminé.

Dans les deux mois, à compter de la date du décret de dissolution, il doit être procédé à la nomination d'un nouveau conseil d'administration.

Jusqu'à l'installation du nouveau conseil, les pouvoirs du conseil d'administration sont exercés par un délégué provisoire, désigné par décret, sur la proposition des ministres des travaux publics, du travail et des finances.

TITRE II

Règles générales de comptabilité.

Art. 9. — La comptabilité de la caisse autonome mutuelle retrace toutes les opérations de recettes ou de dépenses résultant, en ce qui concerne le service d'assurance, des dispositions de la loi du 22 juillet 1922, ainsi que les dépenses du service administratif qui font l'objet d'un budget annuel.

Il est tenu, en outre, une comptabilité spéciale faisant ressortir le montant des rentes inscrites, des rentes éventuelles et des capitaux réservés, en vue de l'application des dispositions prévues par la loi, et notamment de celles qui sont énoncées aux articles 10 (1er et 2e alinéas) et 17.

Art. 10. — Le trésorier est chargé, sous sa responsabilité, de toutes les opérations de recettes et de dépenses de la caisse autonome. Il effectue ces opérations, soit directement, soit dans les conditions prévues au présent décret, par l'intermédiaire des trésoriers-payeurs généraux et des receveurs particuliers des finances.

Il acquitte directement les dépenses d'administration, paye les pensions et rembourse les capitaux réservés lorsque les parties prenantes se présentent à Paris ; il retire à cet effet de la caisse des dépôts et consignations les fonds qui lui sont nécessaires, dans les limites d'un maximum fixé trimestriellement par le conseil d'administration.

Toutes les autres recettes et dépenses, à l'exception de celles qui sont faites par la caisse des dépôts et consignations, sont effectuées pour son compte par les comptables du Trésor ci-dessus désignés.

Ces comptables doivent notamment payer les pensions et encaisser les versements des exploitants et les remboursements d'emprunt consentis par la caisse autonome.

Le trésorier de la caisse autonome doit s'assurer, sous sa responsabilité, de la concordance entre les versements effectués par les exploitants et ceux inscrits tant aux bordereaux à produire périodiquement par lesdits exploitants, qu'aux comptes individuels des agents.

En ce qui concerne les autres recettes, il est responsable de leur entrée à l'échéance fixée par les actes ou contrats ; à cet effet, il reçoit du directeur les titres de perception ; il les adresse aux trésoriers généraux, de façon que les recouvrements soient faits sans aucun retard. En cas de non-recouvrement, il en réfère au directeur et fait procéder, s'il y a lieu, aux poursuites à la requête de ce dernier, en désignant, dans les exploits, le comptable du Trésor chargé de recevoir les sommes dues.

Les comptables du Trésor effectuent le payement des dépenses concernant la caisse autonome sur la mention « vu bon à payer » du trésorier de ladite caisse et ne sont responsables que de la validité matérielle de la quittance de la partie prenante ; par exception, ils payent, sans ce visa, et dans les conditions fixées à l'article 43 ci-après, les arrérages de pensions à la charge de ladite caisse ou payables par son intermédiaire.

Le trésorier est tenu, sous sa responsabilité, d'avertir le directeur de l'expiration des baux ; d'empêcher les prescriptions ; de veiller à la conservation des domaines, droits, privilèges et hypothèques ; de requérir, à cet effet, l'inscription au bureau des hypothèques de tous les titres qui en sont susceptibles ; enfin, de tenir registre de ces incriptions et autres poursuites et diligences.

En cas de refus par le trésorier d'effectuer un payement ou d'apposer la mention « vu bon à payer » sur une pièce de dépense, il en est référé par le directeur au conseil d'administration qui, après avoir entendu le trésorier, peut requérir ce dernier de procéder au payement. Dans ce cas, la réquisition couvre la responsabilité du trésorier. Un double de la réquisition est transmis par le trésorier au receveur central des finances de la Seine, dont les attributions, en ce qui concerne la caisse autonome, sont déterminées par l'article 48 du présent décret.

Le taux des taxations à allouer aux comptables du Trésor est fixé par arrêté du ministre des finances, le conseil d'administration entendu.

Art. 11. — Le trésorier est assujetti à un cautionnement dont le montant, fixé par le conseil d'administration, ne peut être inférieur à 60.000 francs.

Ce cautionnement, s'il n'est pas assuré, avec l'autorisation du conseil d'administration, par la société agréée du cautionnement mutuel, est réalisé en numéraire ou en rentes sur l'Etat et valeurs garanties par l'Etat. Dans le premier cas, il est versé à la caisse des dépôts et consignations, dans les conditions déterminées pour les consignations judiciaires et administratives. Dans le second, il est constitué à l'agence judiciaire du Trésor et suivant les règles adoptées pour les trésoriers des caisses départementales ou régionales régies par la loi des retraites ouvrières.

Avant son installation, le trésorier doit justifier au conseil d'administration et au receveur central des finances de la Seine de la réalisation de son cautionnement, et aucune opération de recette ni de dépense ne peut être effectuée par lui tant que cette justification n'est point produite.

Art. 12. — La comptabilité de la caisse autonome est tenue en partie double.

Toutes les opérations sont inscrites chaque jour au livre-journal. En fin de quinzaine, au plus tard, elles font l'objet d'un dépouillement, par nature de recettes et de dépenses, au Grand Livre.

En fin de trimestre, le trésorier établit la balance des comptes du Grand Livre et un relevé général faisant ressortir, par nature de recettes et de dépenses, le total des opérations du trimestre, avec report des opérations effectuées depuis le 1er janvier et des soldes accusés par l'arrêté des écritures au 31 décembre précédent ; cet arrêté fait ressortir la situation des pensions en cours de jouissance avec l'indication des restes à payer. Ces divers documents, certifiés par le trésorier, sont soumis au conseil d'administration et envoyés au receveur central des finances de la Seine, après avoir été visés par le directeur et par le président du conseil d'administration.

Les pièces justificatives des dépenses sont conservées au siège de la caisse autonome.

Art. 13. — Dans le premier semestre de chaque année, la caisse autonome envoie au ministre des travaux publics et au ministre du travail un inventaire établi au 31 décembre de l'année précédente et donnant sa situation active et passive.

Les réserves mathématiques font l'objet d'un décompte spécial aux fins indiquées par le deuxième alinéa de l'article 10 de la loi du 22 juillet 1922. Elles sont calculées d'après le tarif en vigueur au moment de l'inventaire, conformément aux règles prescrites en matière de retraites ouvrières.

TITRE III

Rôle de la caisse des dépôts et consignations vis-à vis de la caisse autonome.

Art. 14. — La caisse des dépôts et consignations porte à un compte courant particulier, ouvert par application de l'article 10, § 6 de la loi du 22 juillet 1922, toutes les sommes qui lui sont versées par la caisse autonome mutuelle et celles qu'elle reçoit pour le compte de cette caisse.

Les disponibilités de ce compte particulier, dont les intérêts sont liquidés et capitalisés au 31 décembre de chaque année, figurent au compte courant général de la caisse des dépôts et consignations ouvert au Trésor.

Art. 15. — Les retraits des sommes destinées à faire face aux payements à effectuer par la caisse autonome mutuelle, ainsi que les emplois de fonds, sont opérés sur la demande de représentants accrédités par le conseil d'administration de ladite caisse.

Il est donné suite à la demande, dans le plus bref délai possible et, au plus tard, dans les huit jours de sa réception par la caisse des dépôts et consignations.

Art. 16. — Les versements et les retraits sont imputés au compte courant particulier de la caisse autonome mutuelle, à compter, pour les versements, du dernier jour de la dizaine et, pour les retraits, du premier jour de la dizaine pendant laquelle ils sont opérés ; toutefois, les remboursements des arrérages payés par la caisse autonome, pour le compte de la caisse nationale des retraites pour la vieillesse, en exécution des dispositions du deuxième alinéa de l'article 20 de la loi du 22 juillet 1922, prennent valeur du jour où ils sont effectués à la caisse autonome.

Les achats en bourse entrent en compte du jour de l'acquisition et les ventes du jour de l'encaissement.

Art. 17. — La caisse des dépôts et consignations conserve les titres de rentes et de valeurs mobilières négociables faisant partie du portefeuille de la caisse autonome mutuelle ; elle reçoit aux diverses échéances les arrérages, intérêts ou dividendes ; elle encaisse, lorsqu'il y a lieu, les sommes provenant du remboursement total ou partiel des titres, ainsi que des lots et primes attribués.

Les rentes et valeurs mobilières négociables doivent être représentées par des certificats ou titres nominatifs, toutes les fois qu'il est possible d'en obtenir.

Les titres de propriété ou de créance et de valeurs mobilières non négociables sont conservés par la caisse autonome mutuelle qui poursuit directement les recouvrements à effectuer.

Art. 18. — Les prêts aux départements, communes, colonies ou pays de protectorat, établissements publics et chambres de commerce donnent lieu à l'établissement de traités passés directement entre la caisse autonome et les emprunteurs pour en fixer les conditions et les modalités. Ils sont notifiés à la caisse des dépôts et consignations qui, aux époques indiquées et à la demande de la caisse autonome mutuelle, verse les fonds aux comptables du Trésor agissant pour le compte de la caisse autonome mutuelle.

En ce qui concerne les placements prévus au 3° et au 4° du troisième paragraphe de l'article 15 de la loi des retraites ouvrières et paysannes visé par le troisième alinéa de l'article 10 de la loi du 22 juillet 1922, la demande est adressée par la caisse autonome mutuelle au ministre des travaux publics, qui en saisit le ministre du travail avec le dossier, pour être soumise au conseil supérieur des retraites ouvrières. Le ministre du travail notifie sa décision à la caisse autonome mutuelle et, en cas d'autorisation, à la caisse des dépôts et consignations qui met les fonds à la disposition de la caisse autonome mutuelle. Il avise de cette décision le ministre des travaux publics.

Art. 19. — Pour chaque versement à effectuer en vertu de l'article précédent, la demande de la caisse autonome mutuelle doit parvenir à la caisse des dépôts et consignations huit jours au moins avant la date du versement.

La caisse des dépôts et consignations n'y donne suite que si le compte de la caisse autonome mutuelle présente une disponibilité suffisante.

Art. 20. — Pour les ordres de vente visés au cinquième paragraphe de l'article 10 de la loi du 22 juillet 1922, le directeur général de la caisse des dépôts et consignations, dans le cas où il ne croit pas devoir donner suite en l'état à la demande, le fait savoir à la caisse autonome mutuelle et en avise, dans les cinq jours de la réception de l'ordre de vente non exécuté, le ministre du travail, qui informe le ministre des travaux publics. La section permanente du conseil supérieur des retraites est saisie, d'urgence, de la question. La décision interministérielle intervenue est notifiée par le ministre des travaux publics à la caisse des dépôts et consignations et à la caisse autonome mutuelle.

TITRE IV

Opérations du service administratif.

Art. 21. — Il est établi, sous le nom de budget du service administratif, un état des frais d'administration de la caisse pour la période du 1er janvier au 31 décembre de chaque année.

Cet état comprend, notamment, d'une manière distincte, les dépenses ci-après :

Les émoluments du personnel ;

La valeur des jetons de présence attribués aux membres du conseil d'administration ;

Les remboursements de frais de voyage ;

Le loyer, l'entretien des locaux et les autres charges immobilières ;

Le chauffage, l'éclairage, l'acquisition et l'entretien du mobilier et les autres charges mobilières ;

Les frais d'impression, de bureau et de correspondance ;

Les taxations allouées aux comptables du Trésor.

ART. 22. — Les dépenses d'administration sont prélevées sur les sommes versées par l'Etat, en exécution de l'article 8 de la loi du 22 juillet 1922.

ART. 23. — Les dépenses restant à payer au 31 décembre sont reprises dans un budget complémentaire où figurent, en outre, les dépenses qui n'auraient pu être prévues au budget primitif.

ART. 24. — Pour la période qui s'écoule entre le 1er janvier et la date à laquelle est arrêté le budget complémentaire, la caisse effectue le payement des dépenses restant à payer par imputation sur le budget complémentaire à intervenir, mais dans les limites seulement des crédits disponibles du budget précédent.

ART. 25. — Le budget primitif de chaque année, préparé par le directeur, est arrêté, avant le 1er décembre de l'année précédente par le conseil d'administration.

Le budget complémentaire est préparé et arrêté dans les mêmes formes, avant le 1er mars. Il doit être clos, au plus tard, le 31 mai.

Des décisions spéciales du conseil d'administration peuvent, en cours d'exercice, ouvrir des crédits supplémentaires.

Copie du budget primitif, du budget complémentaire et des décisions spéciales est immédiatement remise au trésorier ; il en est adressé, en même temps, une expédition au receveur central des finances de la Seine.

ART. 26. — Le compte du service administratif, préparé par le directeur, est soumis, avec toutes les pièces justificatives des dépenses, au conseil d'administration qui l'arrête dans le cours du premier semestre de l'année qui suit celle à laquelle il se réfère.

Ce compte décrit : d'une part, les dépenses payées tant en vertu du budget primitif et du budget complémentaire que de décisions spéciales ; d'autre part, le montant total des prélèvements opérés conformément à l'article 22 sur les versements faits par l'Etat, en vertu de l'article 8 de la loi du 22 juillet 1922.

Une copie du compte administratif est adressée en deux expéditions, avant le 1er juillet, au receveur central des finances de la Seine.

ART. 27. — Aucun payement concernant le service administratif ne peut être effectué que sur le vu d'un mandat appuyé des pièces justificatives de la dépense et délivré par le directeur sur un crédit régulièrement ouvert.

Un relevé de ces mandats est produit mensuellement au conseil d'administration.

TITRE V

Comptes individuels.

ART. 28. — Pour tout agent qui entre au service d'une exploitation de chemins de fer secondaires d'intérêt général, de voies ferrées d'intérêt local ou de tramways, dans un emploi du cadre permanent, et qui n'a pas encore été affilié antérieurement à la caisse autonome mutuelle, l'exploitant doit, dès que l'intéressé remplit les conditions prévues par l'article 3 de la loi du 22 juillet 1922, pour être affilié, adresser à la caisse autonome les pièces suivantes en vue de son affiliation et de l'ouverture d'un compte spécial à son nom :

1° Un bulletin d'état civil ou un acte de notoriété, délivré dans les formes de l'article 71 du code civil ;.

2° Un bulletin de renseignements établi par les soins de l'intéressé, conformément à un modèle arrêté par la caisse.

Tout ouvrier ou employé qui entre au service d'une exploitation de chemins de fer secondaires d'intérêt général, de voies ferrées d'intérêt local ou de tramways, dans les conditions indiquées par le dernier paragraphe de l'article 17 de la loi du 22 juillet 1922, doit produire à l'exploitant, dans le plus bref délai, son certificat d'inscription à la caisse autonome mutuelle prévu à l'article 33 ci-après.

L'exploitant avise immédiatement la caisse autonome en vue de la continuation des versements dans les conditions stipulées au dernier alinéa de l'article 17 susvisé de la loi.

Tout agent qui, après avoir obtenu la liquidation de son compte individuel, en conformité de l'article 17 de la loi, reprend du service dans un emploi du cadre permanent d'une exploitation soumise à la loi, est assimilé, pour ses services ultérieurs, à un agent entrant pour la première fois dans l'une de ces exploitations.

ART. 29. — S'il survient un changement dans les qualités civiles d'un affilié ou dans les indications fournies par le bulletin de renseignements visé par le premier alinéa de l'article 28 ci-dessus, l'intéressé est tenu d'en faire la déclaration, au moyen d'un bulletin spécial qui est appuyé, le cas échéant, de toutes les justifications nécessaires pour constater le changement survenu et qui est transmis à la caisse par l'exploitant, avec le bordereau détaillé annuel du versement dressé en conformité des dispositions de l'article 30 ci-après :

ART. 30. — Dans les vingt jours qui suivent la dernière paye afférente à chaque trimestre, l'exploitant verse à la recette des finances de l'arrondissement, le montant des contributions patronales et ouvrières dues pour le trimestre écoulé.

Chaque versement est appuyé d'un bordereau sommaire établi par l'exploitant et donne lieu à la délivrance, par le receveur des finances, d'un récépissé à talon et d'une déclaration de versement.

Dans les trente jours qui suivent la dernière paye afférente au mois de décembre, l'exploitant adresse à la caisse autonome un bordereau détaillé, conforme au modèle arrêté par ladite caisse, récapitulant les versements de l'année.

Si ce bordereau récapitulatif fait apparaître une différence entre les versements dus et les versements réellement effectués, le solde, s'il est débiteur, en est remis par l'exploitant à la recette des finances, avec bordereau sommaire à l'appui, dans le délai de trente jours susindiqué ; dans le cas contraire, ce solde est remboursé à l'exploitant suivant ordre de reversement établi par la caisse autonome.

ART. 31. — En fin de quinzaine, les trésoriers-payeurs généraux et les receveurs particuliers effectuent à la caisse des dépôts et consignations, le versement des sommes reçues par eux des exploitants pour le compte de la caisse autonome. Le jour même de l'opération, ils adressent à la caisse autonome, après l'avoir certifié, le bordereau sommaire de versement remis par l'exploitant.

ART. 32. — Dès la réception des bulletins de renseignements et des bulletins d'état civil ou des actes de notoriété, la caisse ouvre, pour tout nouvel affilié, sous un numéro spécial, un compte individuel, établi selon les prescriptions du règlement intérieur, prévu à l'article 11 de la loi du 22 juillet 1922, et qui servira notamment, s'il y a lieu, pour l'application de l'article 17 de ladite loi.

ART. 33. — Il est dressé, par la caisse autonome, pour tout nouvel affilié, un certificat d'inscription rappelant le numéro de son compte individuel et les diverses indications portées sur le bulletin de renseignements prévu à l'article 28. Le certificat est envoyé à l'exploitant au plus tard, dans les deux mois qui suivent la réception du bulletin de renseignements ; il est conservé par lui et est remis à l'agent, au cas où celui-ci quitte l'exploitation pour être, le cas échéant, déposé par lui entre les mains de son nouveau patron, conformément aux dispositions du deuxième alinéa de l'article 28 ci-dessus. La caisse envoie aux exploitants de nouveaux certificats lorsqu'elle reçoit des bulletins spéciaux de changement dans la situation de l'affilié.

Le certificat d'inscription doit être annexé à toute demande de liquidation formulée dans les conditions des articles 12, 14, 15, 16, 17 et 19 de la loi du 22 juillet 1922.

Les exploitants ne doivent porter aucune mention, de quelque nature qu'elle soit, sur les certificats d'inscription.

ART. 34. — Tout exploitant est tenu d'établir, dans les quinze jours, à compter de l'affiliation d'un agent, une fiche individuelle, du modèle fixé par la caisse autonome et qui est destinée à recevoir le numéro d'ordre de son compte individuel à la caisse autonome, ainsi que l'inscription, à la fin de chaque année, du montant des salaires, des contributions patronales, des prélèvements sur les salaires et, le cas échéant, des versements facultatifs.

Les sommes portées sur les fiches individuelles doivent concorder avec celles inscrites sur le bordereau annuel. Ces fiches sont conservées par l'exploitant et communiquées par lui au siège de son exploitation, tant aux agents qu'elles concernent, et qui peuvent s'en faire délivrer copie, qu'aux fonctionnaires du service du contrôle.

TITRE VI

Taux moyen des placements.

ART. 35. — La caisse autonome est soumise aux mêmes obligations que les caisses d'assurances régies par la loi du 5 avril 1910 en ce qui concerne le calcul du taux moyen des placements et la production des états comparatifs de mortalité prévue et de mortalité réelle.

ART. 36. — A titre transitoire et jusqu'au 31 décembre 1925, seront applicables à la caisse autonome les tarifs de la caisse nationale des retraites pour la vieillesse en vigueur pendant cette période, pour la section spéciale des retraites ouvrières.

TITRE VII

Liquidation des droits acquis.

Art. 37. — Les demandes de liquidation sont adressées à la caisse autonome mutuelle par l'intermédiaire de l'exploitant.

Si l'intéressé n'a pas fait de versements à la caisse nationale des retraites pour la vieillesse, il le certifie dans sa demande. Dans le cas contraire, il joint à cette demande une deuxième demande accompagnée du livret de la caisse nationale des retraites pour la vieillesse ou, en cas de perte de ce dernier document, d'une déclaration de perte souscrite dans la forme déterminée par l'article 2 du décret du 3 messidor an VII.

Les demandes doivent être accompagnées d'un certificat de vie et d'une fiche de renseignements établie conformément au modèle qui sera arrêté par la caisse autonome ; elles doivent indiquer le lieu où l'intéressé désire que les arrérages soient payables.

Récépissé des demandes et des pièces qui les accompagnent est remis par l'exploitant aux intéressés et par la caisse autonome à l'exploitant.

Art. 38. — Dans un délai de quinzaine, la caisse autonome mutuelle transmet à la caisse des dépôts et consignations les demandes de liquidation de pensions sur la caisse nationale des retraites pour la vieillesse, en les récapitulant sur deux listes différentes suivant que, les intéressés ayant ou non des rentes acquises à la caisse autonome, le service de leurs rentes acquises à la caisse nationale des retraites pour la vieillesse doit leur être assuré par l'entremise de ladite caisse autonome ou directement par la caisse nationale des retraites pour la vieillesse. Ces listes indiquent les nom et prénoms du titulaire, ainsi que la date d'arrivée de sa demande à la caisse autonome mutuelle. Elles sont accompagnées des certificats de vie correspondants et, le cas échéant, des pièces ou actes produits à l'appui des demandes.

Dès leur établissement, les extraits des inscriptions des rentes de la C. N. R. V., dont le service doit être assuré par l'entremise de la caisse autonome mutuelle, sont transmis à cette caisse ; ils sont conservés par elle jusqu'au décès des titulaires.

Art. 39. — Le nombre des années d'affiliation des agents donnant droit soit à la pension de retraite ou à la pension d'invalidité, soit au remboursement des capitaux versés à leurs comptes, ou au remboursement des sommes exclusivement remises par eux, est contrôlé au moyen des inscriptions portées aux comptes individuels tenus par la caisse autonome.

A partir du 15 mars 1923, chaque exploitant devra remettre à ses agents ou anciens agents, sur leur demande et pour ce qui le concerne, l'état de leurs services antérieurs au 1er janvier 1923.

La caisse autonome mutuelle indiquera la forme dans laquelle devront être certifiés les états de services des agents. Dans le cas où les justifications fournies lui paraîtraient insuffisantes, le conseil d'administration statuera après les enquêtes qu'il jugera utiles.

Dans les deux mois qui suivront la publication du présent décret, les exploitants auront à faire parvenir à la caisse autonome une liste de tous les livrets de la caisse nationale des retraites pour la vieillesse dont leurs agents sont titulaires. Cette liste contiendra les numéros des livrets, les nom et prénoms de leurs titulaires, la date et le lieu de naissance de ces derniers. Il sera pris note par la caisse autonome de ces renseignements au compte individuel de chacun des intéressés.

Tout agent ou ayant droit d'agent bénéficiant d'une retraite spéciale visée à l'avant-dernier alinéa de l'article 19 de la loi du 22 juillet 1922, devra, avant de demander la liquidation de la pension qui doit lui être versée par la caisse autonome, adresser à cette caisse, par l'intermédiaire de l'exploitant, une copie de son livret ou de son titre de pension.

Art. 40. — Les pensions à la charge de la caisse autonome donnent lieu à une liquidation qui est préparée par le directeur et soumise à l'approbation du conseil d'administration, lequel peut, en cette matière, déléguer ses pouvoirs à un ou plusieurs de ses membres.

Les pensions de retraite et les rentes de réversibilité sont calculées en négligeant ou en portant les fractions de francs suivant que ces fractions sont inférieures ou non à 50 centimes. Il est tenu compte de la même règle dans la détermination des capitaux reversés aux agents qui se trouvent dans les conditions prévues au dernier paragraphe de l'article 14 ou au premier paragraphe de l'article 15 de la loi du 22 juillet 1922 et dans la détermination des capitaux figurant sur les deux livrets remis aux agents quittant le service pour des causes autres que celles spécifiées aux articles 14 et 15 susvisés.

Il est tenu, par la caisse autonome, un registre sur lequel sont inscrites les pensions successivement liquidées par le conseil d'administration, ainsi que, s'il y a lieu, les retraites spéciales visées à l'avant-dernier paragraphe de l'article 19 de la loi du 22 juillet 1922, et, enfin, le montant de la retraite à capital réservé.

constituée par les versements facultatifs prévus à l'article 13 de la loi.

Il est délivré, à chaque pensionné, un livret muni de coupons, dont la première page, qui forme extrait d'inscription, reproduit les nom, prénoms, qualité, date et lieu de naissance de l'intéressé, ainsi que toutes les mentions portées sur le registre visé au troisième alinéa du présent article.

Ce livret est, en principe, remis à l'intéressé par le maire de sa résidence, sur justification de son identité et sur production de sa photographie, qui est immédiatement collée dans le cadre à ce réservé, et authentifiée par l'apposition du timbre de la mairie. Toutefois, dans le cas où l'intéressé ne sait ou ne peut signer, ou s'il déclare vouloir percevoir ses arrérages sur production d'un certificat de vie, la remise du livret est effectuée sur la seule justification de son identité. Ces circonstances sont relatées par le maire, dans le procès-verbal de remise du livret.

Ledit procès-verbal fait également mention de la caisse publique sur laquelle le pensionné demande l'assignation de sa pension.

L'intéressé doit, en outre, au moment de la remise de son livret, apposer sa signature sur une fiche mobile en double exemplaire ; s'il ne sait ou ne peut signer, le maire en fait mention.

Ces fiches, qui comportent, au recto, les mêmes mentions que la feuille de tête du livret et, au verso, des cases destinées à être estampillées par le comptable assignataire, sont ensuite transmises par le maire au trésorier-payeur général du département.

Le livret ne peut être renouvelé que sur production d'un certificat de vie.

En cas de perte d'un livret de pension, le titulaire doit en aviser aussitôt le comptable assignataire et lui rapporter ensuite une déclaration de perte ou de vol, dont le modèle est établi par les soins de la caisse autonome. Le duplicata est délivré pour le trimestre d'échéance qui suit celui dans lequel la demande a été formée.

Art. 41. — Les versements à la caisse nationale des retraites pour la vieillesse, prévus à l'article 17, 2°, de la loi du 22 juillet 1922, sont effectués par le trésorier de la caisse autonome, agissant en qualité d'intermédiaire des titulaires. Ces versements, qui ne comportent aucune distinction entre le principal et les intérêts, sont appuyés des pièces réglementaires ; conformément aux dispositions de l'article 5 de la loi du 20 juillet 1886, le versement global ainsi opéré au compte de chaque intéressé ne comprend pas de fraction de franc. La déclaration de versement souscrite par le trésorier spécifie si la somme versée est soumise à la clause d'abandon ou de réserve du capital.

Art. 42. — Sont applicables à toutes les pensions visées au présent titre les dispositions édictées en matière de retraites ouvrières et paysannes pour l'annulation, la réduction de rentes indûment obtenues ou la reprise de capitaux indûment versés.

Art. 43. — Les arrérages des pensions sont payables trimestriellement et à terme échu, le 1er mars, 1er juin, 1er septembre et 1er décembre, à la caisse du trésorier de la caisse autonome ou à celle du comptable du Trésor désigné par l'intéressé.

Au moyen des fiches qui leur sont transmises par les mairies en exécution des dispositions de l'article 40 ci-dessus, les trésoriers-payeurs généraux portent sur des registres spéciaux le numéro de la pension, les nom et prénoms du titulaire, ainsi que le bureau du comptable assignataire. Les trésoriers généraux envoient ensuite l'une des fiches à la caisse autonome et transmettent l'autre au comptable assignataire.

Le payement des arrérages trimestriels est effectué sur présentation du livret et à la caisse du comptable qui détient la fiche de l'intéressé.

Lorsque le pensionné, détenteur d'un livret avec photographie, se présente en personne, le payement est fait sur simple remise du coupon dûment revêtu de l'acquit de l'ayant droit. Dans tous les autres cas, l'intéressé, ou le tiers qui se présente en son nom, doit produire, outre le coupon, un certificat de vie constatant l'existence du titulaire au jour de l'échéance du dernier trimestre dont le payement est demandé.

Le payement est constaté par l'apposition, par le comptable, du cachet de son bureau tant sur la souche du livret qu'au verso de la fiche mobile et par l'inscription sur l'une et l'autre de la date de l'opération.

Les appositions ne peuvent être valablement notifiées qu'au siège social de la caisse autonome.

Art. 44. — Pour permettre le payement à vue des pensions par les receveurs des finances, sans mandatement préalable, la caisse autonome constitue à la caisse centrale du Trésor public, à Paris, une provision permanente, non productive d'intérêts, qui doit toujours être maintenue égale à la moitié d'un trimestre des arrérages à payer dans l'ensemble des départements, à l'exclusion des sommes à la charge de la caisse nationale des retraites pour la vieillesse.

Art. 45. — Les pièces justificatives des payements d'arrérages de pensions sont transmises à la caisse autonome. Cet envoi est accompagné de bordereaux distincts par catégories de pensionnés.

Après vérification, le trésorier de la caisse autonome répartit les pièces justificatives en deux séries, suivant que les arrérages payés sont :

1° A la charge exclusive de la caisse autonome ;

2° A la charge de la caisse autonome et de la caisse nationale des retraites pour la vieillesse.

Les pièces des deux séries sont récapitulées sur des bordereaux distincts, établis dans l'ordre numérique des extraits d'inscription délivrés par la caisse autonome en ce qui concerne la 1re série et par la caisse nationale des retraites pour la vieillesse en ce qui concerne la 2e série.

Le trésorier conserve les pièces de la 1re série et transmet celles de la 2e à la caisse des dépôts et consignations avec les bordereaux à l'appui établis en triple expédition.

La caisse nationale des retraites pour la vieillesse conserve les pièces de la seconde série.

En échange des pièces dont elle se dessaisit, il est délivré à la caisse autonome, à l'aide des duplicata des bordereaux, un récépissé donnant le détail par agent pensionné des arrérages dont le payement est constaté par lesdites pièces.

ART. 46. — Après vérification, la caisse autonome couvre les trésoriers-payeurs généraux des sommes à sa charge exclusive, par imputation à son compte courant ouvert à la caisse des dépôts et consignations.

D'autre part, la caisse nationale des retraites pour la vieillesse, après avoir contrôlé l'exactitude des opérations faites pour son compte, crédite les trésoriers généraux ou la caisse autonome, suivant que les payements ont été faits dans les départements ou à Paris.

ART. 47. — Les capitaux dont la réserve a été stipulée au profit des ayants droit, à la suite de versements effectués conformément à l'article 13 de la loi du 22 juillet 1922, sont remboursés sans intérêts, sur la production d'un extrait de l'acte de décès et d'un certificat de propriété délivré dans les formes et suivant les règles prescrites par l'article 6 de la loi du 28 floréal an VII.

Dans les départements, ces opérations sont effectuées par les comptables du Trésor, sur la production d'un ordre de payement délivré par le directeur de la caisse autonome et revêtu de la mention « vu bon à payer » du trésorier de ladite caisse.

Pour les agents en faveur desquels les versements auraient été faits, avant la promulgation de la loi, sur des livrets de la caisse nationale des retraites pour la vieillesse à capital réservé, les remboursements des capitaux réservés sont effectués directement par cette caisse, dans les conditions prévues à l'article 17 de la loi du 20 juillet 1886.

TITRE VIII

Contrôle financier et technique.

ART. 48. — La caisse autonome est placée, pour l'ensemble de ses opérations financières, sous le contrôle du receveur central des finances de la Seine, sans préjudice du contrôle technique appartenant au ministère du travail. Le contrôle du receveur central des finances de la Seine s'exerce sur place au moins une fois par an.

La caisse autonome est également soumise aux vérifications de l'inspection générale des finances, qui peut faire porter ses investigations sur toutes les parties du service.

Elle est tenue de communiquer sans déplacement, à tous les agents de contrôle, tous livres, registres, documents de comptabilité, ainsi que toutes pièces justificatives.

Le contrôle technique est exercé comme en matière de retraites ouvrières. Les contrôleurs du ministère du travail peuvent, comme les inspecteurs des finances, faire porter leurs investigations sur toutes les parties du service.

Un arrêté concerté entre le ministre des travaux publics, des finances et du travail, détermine les règles de détail relatives au contrôle financier et au contrôle technique.

ART. 49. — Le receveur central des finances de la Seine, ainsi que les inspecteurs des finances doivent, lors de leurs opérations sur place et immédiatement avant d'y procéder, ou donner avis au président du conseil d'administration de la caisse autonome, afin qu'il puisse y assister, ou s'y faire représenter.

Ils communiquent leurs observations au directeur et au président avec invitation de fournir leurs réponses.

ART. 50. — En cas de déficit ou d'irrégularités graves, l'agent de contrôle informe sans délai le président du conseil d'administration, qui avise d'urgence aux mesures à prendre et qui rend compte immédiatement de ces mesures à l'agent du contrôle.

Si la constatation du déficit ou des irrégularités émane d'un inspecteur des finances, elle est par lui notifiée au receveur central des finances de la Seine, en même temps qu'au président du conseil d'administration, et ce dernier rend compte des mesures qu'il a prises audit receveur central.

Les rapports de contrôle établis tant par les fonctionnaires des finances que par ceux du travail, sont transmis par leurs auteurs à leurs ministres respectifs, qui se concertent avec le ministre des travaux publics pour la suite à donner à ces rapports.

TITRE IX

Dispositions particulières aux départements du Bas-Rhin, du Haut-Rhin et de la Moselle.

ART. 51. — Un décret fixera les modalités des relations entre la caisse autonome et l'institut d'assurances sociales d'Alsace et de Lorraine, ainsi que les rapports des exploitants et agents des départements du Bas-Rhin, du Haut-Rhin et de la Moselle avec ces deux organismes.

ART. 52. — Le ministre des travaux publics, le ministre du travail et le ministre des finances sont chargés, chacun en ce qui le concerne, de l'exécution du présent décret, qui sera publié au *Journal officiel* et inséré au *Bulletin des lois*.

DÉCRET DU 21 JUILLET 1923

portant règlement d'administration publique pour l'exécution de la loi du 22 juillet 1922 relative aux retraites des agents des chemins de fer secondaires d'intérêt général, des chemins de fer d'intérêt local et des tramways en ce qui concerne la composition et le fonctionnement des commissions de réforme.

ARTICLE PREMIER. — Il est institué dans chaque département une commission de réforme chargée de décider, aux fins indiquées par les articles 15 et 16 de la loi du 22 juillet 1922 de l'impossibilité où est un agent des réseaux de chemins de fer secondaires d'intérêt général, de chemins de fer d'intérêt local ou de tramways dudit département de continuer son service par suite de maladie, blessures ou infirmités.

Tous les agents d'un même réseau s'étendant sur plusieurs départements sont rattachés, pour l'ensemble des dispositions prévues par le présent décret, à la même commission de réforme. *Sauf dérogations autorisées par le ministre des travaux publics, cette commission est celle qui siège* dans le département ayant la plus grande longueur des lignes du réseau (1).

ART. 2. — Chaque commission de réforme est constituée de la manière suivante :

A. — Membres siégeant quel que soit le réseau auquel appartient l'agent dont elle doit examiner le cas.

Le Directeur du contrôle des voies ferrées d'intérêt local du département ou son délégué, président.

Un ingénieur des ponts et chaussées ou des mines, un agent voyer d'arrondissement ou un fonctionnaire de grade correspondant, attaché au service du contrôle des voies ferrées d'intérêt local, désigné par le préfet ; ce fonctionnaire est suppléé, le cas

---

(1) Modifié par le décret du 4 décembre 1924 (article 1er). Ancien texte : « Tous les agents d'un même réseau s'étendant sur plusieurs départements sont rattachés, pour l'ensemble des dispositions prévues par le présent décret, à la Commission de réforme siégeant dans le département qui a la plus grande longueur de lignes de ce réseau. »

échéant, par un fonctionnaire de même grade, également désigné par le préfet ;

Un médecin assermenté désigné par le préfet et suppléé, soit quand il se trouve valablement empêché d'assister à une séance, soit quand il est médecin traitant de l'agent dont la commission doit examiner le cas, par un autre médecin assermenté, également désigné par le préfet.

B. — Membres siégeant suivant le réseau auquel appartient l'agent dont la commission doit examiner le cas :

Un représentant de l'autorité qui a concédé ce réseau, désigné par le ministre des travaux publics si le réseau est un réseau secondaire d'intérêt général ou par le préfet, sur la proposition du conseil général ou des conseils municipaux intéressés, si le réseau est un réseau d'intérêt local ;

Un représentant de l'exploitant désigné par celui-ci, ou, en cas d'exploitation en régie, par le conseil d'administration de la régie ;

Un représentant du personnel, appartenant à la même catégorie que l'agent qui passe devant la commission et élu, parmi eux, par les agents de cette catégorie affiliés à la caisse autonome mutuelle.

Art. 3. — La répartition en catégories du personnel de chaque réseau, pour l'élection des représentants du personnel à la commission de réforme, est fixée sur le rapport des services du contrôle, par un arrêté du préfet pour les réseaux établis dans un seul département, et, en ce qui concerne les réseaux s'étendant sur plusieurs départements, par un arrêté du préfet du département qui a la plus grande longueur de lignes, après avis de ses collègues. Le nombre des catégories est, au maximum, de quatre dont une au moins réservée au personnel moyen et une éventuellement, au personnel supérieur.

Art. 4. — Les délégués du personnel sont élus pour six ans. Ils peuvent être réélus à l'expiration de leur mandat.

Le vote a lieu par correspondance ; les élections ont lieu à la date et dans les conditions fixées par un arrêté du préfet du département où siège la commission de réforme.

Il est nommé, pour chaque catégorie, un titulaire et deux suppléants, au scrutin de liste.

L'agent qui réunit le plus grand nombre de suffrages est proclamé délégué titulaire, les deux agents qui viennent ensuite sont proclamés délégués suppléants.

Nul ne peut être proclamé élu au premier tour de scrutin s'il n'a réuni un nombre de voix supérieur à la moitié du nombre des suffrages exprimés, déduction faite des bulletins blancs ou nuls, et au quart des électeurs inscrits. La majorité relative suffit au second tour. En cas d'égalité du nombre des voix obtenues par deux candidats la préférence est donnée au plus âgé.

Les délégués suppléants sont appelés à remplacer les délégués titulaires, dans l'ordre des voix qu'ils ont obtenues.

Cessent de plein droit d'être délégués les agents qui quittent le réseau, pour quelque cause que ce soit, ou qui changent de catégorie.

ART. 5. — La commission est saisie par une requête de l'intéressé ou de l'exploitant adressée au président de la commission de réforme, et faisant connaître la nature de la maladie, des blessures ou des infirmités qui la motivent.

Si la requête est présentée par l'intéressé, elle est obligatoirement accompagnée d'un certificat de son médecin traitant constatant l'impossibilité pour l'agent de continuer son service. Elle est renvoyée par le président de la commission de réforme, pour instruction, à l'exploitant qui, dans un délai de 15 jours, doit fournir tous renseignements utiles dans la forme prévue par une instruction établie par la caisse autonome. Le président de la commission donne, en même temps, connaissance de la requête au médecin assermenté, membre de la commission, aux fins d'examen de l'intéressé dans un délai déterminé.

Si la requête émane de l'exploitant, le président de la commission en donne connaissance au médecin assermenté aux fins indiquées ci-dessus.

L'intéressé peut comparaître devant la commission ou à sa diligence et à ses frais s'y faire représenter ou se faire assister par un médecin de son choix. Un délai minimum de 15 jours doit s'écouler entre la date de l'avis adressé à l'intéressé et la date de la réunion de la commission de réforme.

S'il y a désaccord entre le médecin assermenté et le médecin traitant, la commission peut appeler devant elle un troisième médecin, à titre d'expert.

ART. 6. — Les décisions de la commission admettant ou rejetant la demande de mise à la réforme sont prises à la majorité des voix des membres présents. En cas d'égalité la voix du président est prépondérante.

La commission ne peut valablement délibérer que si quatre membres au moins, dont un médecin assermenté, sont présents. Chaque décision est notifiée par le président à l'agent, à l'exploitant et, si l'agent est réformé, à la caisse autonome mutuelle.

Art. 7. — Pour les agents des administrations centrales dont le siège est à Paris, il est institué une commission de réforme spéciale ainsi composée :

A. — Membres siégeant quelle que soit la compagnie à laquelle appartient l'agent dont elle a à examiner la situation ;

L'inspecteur général des voies ferrées d'intérêt local ou son délégué, président ;

Un ingénieur en chef des ponts et chaussées ou des mines attaché au contrôle des réseaux d'intérêt général ou au contrôle des voies ferrées d'intérêt local du département de la Seine, désigné par le ministre des travaux publics, ou son suppléant de même grade, également désigné par le ministre des travaux publics ;

Un médecin assermenté désigné par le ministre des travaux publics et suppléé, soit quand il se trouve valablement empêché d'assister à une séance, soit quand il est le médecin traitant de l'agent dont la commission doit examiner le cas, par un autre médecin assermenté également désigné par le ministre des travaux publics ;

Un fonctionnaire de la direction de l'Administration départementale et communale désigné par le ministre de l'Intérieur.

B. — Membres siégeant suivant la compagnie à laquelle appartient l'agent dont la commission doit examiner le cas :

Un représentant de la compagnie, désigné par celle-ci ;

Un représentant du personnel appartenant à la même catégorie que l'agent qui passe devant la commission et élu parmi eux par les agents de cette catégorie affiliés à la caisse autonome mutuelle.

Art. 8. — La répartition en catégories du personnel des administrations centrales dont le siège est à Paris, pour l'élection des représentants de ce personnel à la commission de réforme, est fixée, sur le rapport de l'inspecteur général des voies ferrées d'intérêt local, par un arrêté du ministre des travaux publics. Le nombre des catégories est au maximum de quatre, dont une au moins réservée au personnel moyen et une autre au personnel supérieur.

Les dispositions de l'article 4 sont applicables aux élections des représentants du personnel des administrations centrales à la commission de réforme ; toutefois la)date et les conditions de ces élections sont fixées par un arrêté du ministre des travaux publics.

Art. 9. — Les agents de l'administration centrale d'une compagnie dont le siège n'est ni à Paris, ni dans le département d'un réseau de cette compagnie sont, pour l'application du présent décret, considérés comme agents du réseau de cette compagnie situé dans le département le plus voisin du siège.

Art. 10. — Les réunions des commissions de réforme ont lieu, en principe, tous les trois mois. Elles donnent lieu à l'établissement de procès-verbaux transcrits sur un registre et signés par le président, le secrétaire et le médecin assermenté.

Art. 11. — Les fonctions de membres des commissions de réforme sont gratuites.

Art. 12. — Le médecin assermenté et le médecin expert reçoivent, à l'occasion des examens prescrits par l'article 5, une rétribution dont le taux est fixé par une décision du conseil d'administration de la caisse autonome approuvée par les ministres des travaux publics et des finances.

Les frais ainsi occasionnés sont supportés par l'agent intéressé lorsque la commission de réforme a été saisie à sa requête, si cette commission ne prononce pas sa mise en réforme.

Ils le sont par l'exploitant, lorsque la commission a été saisie à sa requête, si celle-ci n'était pas accompagnée d'un certificat médical ou si la commission ne prononce pas la mise en réforme.

Dans tous les autres cas, ils sont à la charge de la caisse autonome.

Art. 13. — A titre transitoire, pour les premières élections qui auront lieu après la publication du présent décret, seront électeurs et éligibles, aux fins indiquées par le dernier alinéa de l'article 2 et par le dernier alinéa de l'article 7, tous les agents de nationalité française ayant un an au moins de service continu dans un emploi du cadre permanent de leur réseau.

Art. 14. — Le ministre des travaux publics est chargé de l'exécution du présent décret qui sera publié au *Journal officiel* et inséré au *Bulletin des Lois*.

DÉCRET DU 19 JUILLET 1925

étendant à l'Algérie les dispositions de la loi du 22 juillet 1922 relative aux retraites des agents des chemins de fer secondaires d'intérêt général, des chemins de fer d'intérêt local et des tramways, modifiée par les lois des 23 août 1923 et 15 janvier 1925.

ARTICLE PREMIER. — Les dispositions de la loi du 22 juillet 1922 relative aux retraites des agents des chemins de fer secondaires d'intérêt général, des chemins de fer d'intérêt local et des tramways, modifiée par les lois des 23 août 1923 et du 15 janvier 1925, sont étendues à l'Algérie dans les conditions déterminées par les articles ci-après.

TITRE PREMIER

Principes généraux.

ART. 2. — Il sera servi aux agents des voies ferrées d'intérêt local et aux agents des chemins de fer d'intérêt général autres que ceux appartenant aux réseaux dont l'exploitation est régie par la convention du 1er juillet 1921, approuvée par la loi du 11 décembre 1922 (P.-L.-M. algérien et chemins de fer algériens de l'Etat), en service permanent depuis au moins un an, une retraite au moins égale à celle établie par la loi du 22 juillet 1922 modifiée par les lois du 23 août 1923 et du 15 janvier 1925.

Toutefois, en ce qui concerne les agents des anciennes compagnies actuellement rachetées : Est-Algérien, Franco-Algérienne, Bône-Guelma et Ouest-Algérien, qui viendraient à s'employer dans une entreprise de chemin de fer d'intérêt local ou de tramways sans avoir été soumis dans leur ancien réseau à un régime de retraites ou à celui d'une caisse de prévoyance, il leur sera tenu compte, pour l'obtention de la retraite établie par les lois précitées, de leur temps de service antérieur au 1er janvier 1922 (date d'application de la convention du 1er juillet 1921).

Ces retraites seront servies en Algérie comme dans la métropole par la caisse autonome mutuelle créée par la loi du 22 juillet 1922 et dont le fonctionnement est réglé par les articles 9, 10 et 11 de ladite loi ainsi que par le décret du 30 janvier 1923 portant règlement d'administration publique.

Les dispositions du présent décret sont applicables aux agents de nationalité étrangère employés sur les lignes de chemins de fer et de tramways visées par ledit décret.

Toutefois, pour ce qui concerne ces agents, l'Algérie ne versera à la caisse autonome mutuelle la somme prévue à l'article 8 que si des traités passés par la France avec leur pays d'origine garantissent aux ouvriers français des avantages équivalents à ceux du décret susvisé.

A défaut de tels traités, les pensions acquises en exécution des dispositions des articles 11, 12, 13, 14, 17 et 18 ci-après seront réduites, pour les agents de nationalité étrangère, d'une fraction égale à la moyenne arithmétique du rapport, pendant les années de service des intéressés, entre les versements exécutés par l'Etat et la colonie au compte des agents de nationalité française et la totalité des versements alimentant la caisse autonome. Lesdits agents ne seront pas appelés à bénéficier des dispositions transitoires de l'article 19.

Art. 3. — Sont considérés comme agents des voies ferrées appelés à bénéficier des dispositions du présent décret tous les agents — employés ou ouvriers des deux sexes — attachés, d'une manière régulière et permanente, à une administration ou à une compagnie exploitant un réseau de voies ferrées et un service de transports en commun sur routes, lorsque les deux exploitations sont confondues et que les agents sont affectés indistinctement à l'une ou à l'autre exploitation.

TITRE II

Affiliation au régime des retraites.

Art. 4. — L'affiliation au régime des retraites est obligatoire après un an de service continu dans un emploi du cadre permanent d'une administration de chemins de fer ou de tramways susvisés, effectué après que l'intéressé aura satisfait aux obligations du service militaire dans l'armée active.

Toutefois, lorsque l'intéressé aura été réformé, soit avant, soit après l'incorporation, l'année d'emploi permanent ne pourra commencer qu'à partir du jour où la classe à laquelle il appartient, par son âge, sera rentrée dans ses foyers. Il en sera de même pour les indigènes non soumis à l'obligation du service militaire.

Pour les femmes, l'affiliation a lieu après une année d'emploi permanent à compter de leur majorité ou de leur mariage.

Dans tous les cas, l'affiliation partira du 1ᵉʳ du mois qui suivra l'expiration des délais ci-dessus.

TITRE III

Versements à la Caisse autonome mutuelle.

ART. 5. — Les prélèvements effectués sur les salaires, les versements faits par les compagnies et par l'Algérie, tels qu'ils résultent des dispositions du présent décret seront versés à la caisse autonome mutuelle.

ART. 6. — Tous les salariés seront soumis aux charges et bénéficieront des avantages des retraites, mais les salaires supérieurs à 12.000 francs ne seront comptés que pour ce chiffre.

Dans les traitements ou salaires, on comprendra les primes et tous les avantages accessoires assimilés à une augmentation de salaire qui ne constituent pas un remboursement de frais, un secours ou une gratification.

ART. 7. — Chaque agent subira une retenue de 5 % sur son salaire et, au maximum, sur 12.000 francs par an, pour être versée à la caisse autonome mutuelle.

ART. 8. — Les versements de l'exploitant seront de 6 % des salaires jusqu'au maximum fixé de 12.000 francs par agent et par an.

Cette charge patronale sera portée au compte des dépenses d'exploitation de chaque entreprise.

Des avenants aux conventions seront établis, dans le délai d'un an à dater de la mise en vigueur du présent décret, en vue de modifier temporairement les cahiers des charges et les conditions et formules figurant dans les actes de concession, pour les cas où la somme définie au paragraphe suivant ne permettrait pas de couvrir la charge patronale.

Cette somme sera égale au produit net d'exploitation, majoré des subventions de l'Algérie et des pouvoirs concédants et diminué des charges du capital-obligations, de l'intérêt des actions non amorties à raison d'un maximum de 4 % et, éventuellement, des dépenses de grosses réparations des voies.

Pour les exploitations en régie directe, le produit net sera majoré des subventions de l'Algérie et diminué de toutes annuités et charges de rachat.

Les avenants ci-dessus visés seront approuvés dans tous les cas par décret délibéré en conseil d'Etat.

Lorsque l'application du présent article imposera une charge financière aux pouvoirs concédants, l'Algérie y contribuera à concurrence des trois cinquièmes, jusqu'au 31 décembre 1927.

A partir du 1er janvier 1928, la contribution patronale des retraites sera tout entière considérée comme une charge normale d'exploitation.

Art. 9. — L'Algérie versera annuellement à la caisse autonome mutuelle une contribution dont le taux sera égal à celui du versement effectué par l'Etat pour l'application dans la métropole de la loi du 22 juillet 1922 complétée et modifiée par les lois des 23 août 1923 et 15 janvier 1925.

Ce versement sera effectué par quart dans le courant du deuxième mois de chaque trimestre.

Art. 10. — Les versements seront effectués à capital aliéné à la caisse autonome mutuelle.

Les versements des agents et des exploitants se feront à la fin de chaque trimestre, ceux des agents étant effectués pour leur compte par l'exploitant qui en fera la retenue d'office sur leur salaire.

En aucun cas, les exploitants ne pourront se refuser à effectuer les versements ainsi prescrits.

Même en cas d'insuffisance du produit net, ils devront parfaire le versement de 6 % du montant des salaires, quitte à se faire rembourser, dans les conditions prévues à l'article 8, par les pouvoirs concédants.

TITRE IV

Taux des pensions de retraite.

Art. 11. — Après trente ans de services, les agents — employés ou ouvriers de l'un ou de l'autre sexe — auront droit à la retraite s'ils ont atteint l'âge de cinquante-cinq ans quand ils appartiennent au personnel roulant, ou soixante ans dans toutes les autres catégories.

Ils pourront cependant, s'ils le demandent, et avec le consentement de l'exploitant, être maintenus en activité au delà des limites d'âge ci-dessus indiquées.

L'entrée en jouissance de la pension sera alors reculée aussi longtemps que le titulaire restera en activité.

Sera classé dans la catégorie du personnel roulant tout agent ayant fait au moins quinze ans dans ce service roulant.

Le temps passé ou à passer sous les drapeaux, en sus du service dans l'armée active, entre, en cas de mobilisation, en ligne de compte dans la durée du service. Pour bénéficier de cet avantage, les agents mobilisés devront avoir appartenu au personnel du réseau pendant au moins une période continue d'un an avant la date de leur mobilisation et y avoir repris leur emploi dans le délai de six mois suivant leur démobilisation, ou dans le délai de six mois qui suivra la remise en exploitation du réseau, au cas où celle-ci aurait été interrompue du fait des hostilités.

Dans tous les cas, l'entrée en jouissance de la pension partira du 1er du mois qui suivra la date réelle de la mise à la retraite.

Art. 12. — Le taux de la pension, pour tous agents réunissant les conditions d'âge et de durée de services indiquées au premier paragraphe de l'article 11 ci-dessus ne pourra être inférieur à un soixantième, par année de versement, du montant du salaire moyen des six dernières années.

Toutefois, pour un agent du service roulant qui, dans les cinq années précédant sa mise à la retraite, serait dans un autre service, la retraite ne pourrait être inférieure à celle calculée sur la base du salaire moyen des six dernières années dans le service roulant.

Les agents et les exploitants possèdent le droit d'améliorer les retraites au moyen de versements supplémentaires qui seront portés sur un livret spécial à chaque agent et lui constitueront ainsi une superretraite.

Les versements portés sur le livret seront faits à capital réservé et la totalité du capital — formé par ces versements capitalisés au taux moyen des placements de la caisse autonome — pourra, sur la demande de l'agent, être remise à celui-ci quand il prendra sa retraite.

Art. 13. — Tout agent qui, en période normale, sera atteint par la limite d'âge de cinquante-cinq ou soixante ans avant d'avoir la durée de services prévue par la loi, aura droit, s'il a au moins quinze ans de services, à une retraite proportionnelle sur la base du soixantième du salaire moyen des six dernières années, par année de versement.

S'il a moins de quinze ans de services, il aura droit à la remise de tous les versements effectués à son compte, majorés de leurs intérêts à 3 %.

ART. 14. — L'agent — employé ou ouvrier — qui, par suite de maladie, blessures ou infirmités, ne résultant pas de l'exercice de ses fonctions, sera dans l'impossibilité de continuer son service, suivant décision d'une commission de réforme, aura droit à la remise de tous les versements effectués à son compte, majorés de leurs intérêts de 3 %, s'il a moins de quinze ans de services.

S'il a plus de quinze ans de services, il aura droit à une retraite immédiate sur la base d'un soixantième du salaire moyen des six dernières années par année d'affiliation.

ART. 15. — Si l'invalidité résulte de l'exercice de ses fonctions il aura droit à une pension à jouissance immédiate sur la base du soixantième du salaire par année de versement avec minimum de huit soixantièmes.

Les rentes dues aux agents victimes d'accidents du travail sont totalisées avec celle-là.

Cependant, si le total excède les deux tiers du traitement de l'agent, la retraite servie par la caisse autonome sera réduite en conséquence.

ART. 16. — Lorsqu'un agent, employé ou ouvrier, quittera le service en dehors des causes spécifiées ci-dessus, il aura droit à ses versements personnels qui seront employés de la manière suivante :

La caisse autonome versera, pour constituer à celui-ci une retraite à l'âge de cinquante-cinq ans, les versements personnels de l'agent, employé ou ouvrier, à la caisse nationale des retraites pour la vieillesse :

Sans intérêts, s'il a moins de 10 ans de services ;

Majorés des intérêts de 1 %, s'il a de 10 à 15 ans de services ;

Majorés des intérêts de 2 %, s'il a de 15 à 20 ans de services ;

Majorés des intérêts de 3 %, s'il a 20 ans de services et au-dessus.

Il sera délivré à l'agent un livret pour la caisse nationale des retraites pour la vieillesse, livret qui sera sa propriété personnelle et où figureront les sommes portées à son compte, calculées comme il est indiqué ci-dessus.

Un agent pourra passer d'une compagnie dans une autre et continuera à être affilié au régime des retraites de la caisse autonome, mais ce, sous la double condition de faire partie du cadre permanent de la nouvelle compagnie, et de subir un stage d'un an sans versements, qui ne comptera pas dans la durée de service exigée pour la retraite.

Toutefois, le stage ci-dessus ne sera pas exigé, si la mutation d'une compagnie à une autre a lieu avec l'assentiment des deux compagnies intéressées.

Dans tous les cas, les droits antérieurs acquis par l'agent à bénéficier des avantages du régime des retraites de la caisse autonome lui sont conservés.

TITRE V

Réversibilité des pensions de retraite.

Art. 17. — Les pensions de retraite sont réversibles par moitié au profit des veuves, sauf en cas de divorce et de séparation de corps prononcée aux torts exclusifs de la femme.

La réversibilité n'aura lieu que si le mariage est de trois ans au moins antérieur à l'époque à laquelle le mari aura cessé ses fonctions. Aucune condition de durée de mariage ne sera exigée pour la réversibilité s'il existe un enfant né des conjoints au moment où le mari cesse ses fonctions.

Lorsque la cessation des fonctions du mari sera la conséquence d'un accident survenu dans le service, il suffira que le mariage soit antérieur à l'accident.

A défaut de veuve habile à recevoir la pension, les orphelins âgés de moins de dix-huit ans auront droit à la réversibilité de la demi-pension.

En cas de décès d'un agent en service, les veuve et orphelins ont droit, dans les conditions indiquées par les deux premiers alinéas du présent article, à la réversibilité de la moitié de la pension à laquelle aurait droit le mari en raison de son âge ou de sa durée d'affiliation.

Toutefois, si le mari a moins de quinze ans de services, les ayants droit recevront simplement les versements effectués au compte du mari, majorés des intérêts simples à 3 %.

Art. 18. — Les dispositions ci-dessus ne s'appliquent qu'aux veuves ou enfants des agents, employés ou ouvriers mariés sous le régime de la loi française.

En ce qui concerne les agents, employés ou ouvriers, musulmans non mariés sous le régime de la loi française, la pension de réversibilité est également limitée à la moitié de la retraite qu'aurait obtenue le mari. Si celui-ci a moins de quinze ans de services, les ayants droit recevront simplement les versements effectués au compte du mari, majorés des intérêts simples à 3 %.

La pension est accordée aux veuves et enfants d'agents employés et ouvriers musulmans non mariés sous le régime de la loi française aux conditions suivantes :

Le mariage doit satisfaire à la condition de durée fixée par les deuxième et troisième alinéas de l'article 17 et être justifié par un acte du cadi passé au moment de la célébration, ou par la production d'actes régulièrement inscrits suivant les prescriptions de l'article 17 de la loi du 23 mars 1882 sur l'état civil des indigènes musulmans de l'Algérie. A l'égard, toutefois, des agents ou ouvriers actuellement en service, dont le mariage n'aurait pas eu lieu dans ces conditions, il est accordé un délai de six mois à partir de la promulgation du présent décret, pour leur permettre de faire établir, par les moyens légaux, l'existence de leur union.

La pension sera répartié individuellement, par parts égales, entre les veuves et les enfants âgés de moins de dix-huit ans. Elle cessera en ce qui concerne les veuves, en cas de nouveau mariage, et en ce qui concerne les enfants lorsqu'ils auront atteint l'âge de dix-huit ans.

Les parts de pension qui cesseront d'être servies en raison de la mort de l'ayant droit, ou parce que celui-ci a atteint l'âge de dix-huit ans, ou pour toute autre cause, accroîtront par tête à la mère de l'ayant droit et aux enfants du même lit. Dans aucun autre cas il n'y aura lieu à nouvelle répartition.

La veuve remariée recevra une indemnité égale au triple de la pension. Il n'y aura lieu en ce cas à répartition nouvelle de son chef entre ses enfants qu'après l'expiration d'un délai de trois ans.

TITRE VI

Dispositions diverses et transitoires.

ART. 19. — A tout agent ayant plus de soixante ans d'âge et au moins quinze ans de services, à la date du 1er janvier 1923, qui demandera sa mise à la retraite, il sera servi pour chaque année de services effectifs : 1 % du salaire moyen des six dernières années de services.

Par la suite, il sera servi à tout agent mis à la retraite une pension calculée sur les bases suivantes :

1° 1 % pour chaque année de service antérieure au 1er janvier 1923;

2 Un soixantième pour chaque année de service postérieure à la condition qu'il ait, en totalité, au moins quinze ans de services et qu'il réalise les conditions d'âge requises par le présent décret.

Ces sommes seront fournies directement par la caisse autonome.

Si un agent ou un ayant droit d'agent bénéficie déjà d'une retraite constituée avec l'aide de l'Etat, de l'Algérie, des départements, des communes ou des exploitants, la pension résultant de l'application du paragraphe 1er et du paragraphe 2 (alinéa 1º) ci-dessus sera calculée de manière qu'en l'ajoutant à ladite retraite elle ne donne pas une somme globale supérieure à un soixantième du traitement moyen des six dernières années, par année de service.

Les agents licenciés depuis le 1er janvier 1922 bénéficieront des avantages du régime transitoire, s'ils remplissent les conditions exigées par le présent article.

Sauf l'attribution de centièmes pour les années de services antérieures à la présente loi, l'importance des retraites et des remboursements qui seront dus seront déterminés conformément aux dispositions des titres IV et V ci-dessus.

Art. 20. — La pension de retraite sera payée trimestriellement aux ayants droit.

Elle est incessible et insaisissable jusqu'à concurrence de 720 francs ; pour le surplus, la pension est cessible jusqu'à concurrence du dixième et saisissable pour un autre dixième.

Art. 21. — La composition et le fonctionnement en Algérie des commissions de réforme prévues par la loi du 22 juillet 1922 seront déterminés par un décret rendu dans la forme des règlements d'administration publique.

Art. 22. — En cas de retard dans les versements ou de contestation entre la caisse autonome et les exploitants, ceux-ci seront redevables envers la caisse, non seulement de la somme en litige, mais encore des intérêts capitalisés à 6 % et ce, à compter du jour où les versements auraient dû être faits.

Art. 23. — Conformément à l'article 25 de la loi du 22 juillet 1922, les certificats, actes de notoriété et autres pièces relatives à l'exécution des dispositions ci-dessus seront délivrés gratuitement et dispensés d'autres droits de timbre et d'enregistrement.

Art. 24. — Dans le délai d'un an, à compter de la publication du présent décret, toutes les caisses spéciales seront liquidées. Conformément aux dispositions de l'article 20 de la loi du 22 juillet 1922, un décret portant règlement d'administration publique déterminera les conditions de liquidation de chaque caisse ; mais, en principe, les sommes que possèdent ces caisses seront réparties entre les agents qui y sont affiliés au prorata des versements faits par eux ou à leur compte et portées sur un livret spécial à chacun d'eux. Les fonds seront versés à la caisse autonome.

La caisse nationale des retraites pour la vieillesse ou celle de même nature ayant reçu des fonds pour les retraites de ces agents resteront débitrices vis-à-vis de ces derniers des rentes éventuelles ou inscrites correspondant aux versements reçus par elles jusqu'au 1er janvier 1923, mais par l'intermédiaire de la caisse autonome. Elles reverseront les versements reçus depuis le 1er janvier 1923 à la caisse autonome qui en fera état pour assurer comme il est dit à l'article suivant le bénéfice du nouveau régime à partir du 1er janvier 1923.

Exception sera faite pour les agents des compagnies, employés lors de la publication du présent décret, jouissant d'un régime de retraites par répartition.

Pour ces derniers, la caisse autonome mutuelle instituée par la loi du 22 juillet 1922 se substituera à la caisse existante et servira des retraites équivalentes à celles prévues par cette caisse jusqu'à ce que le montant de la retraite instituée par ce décret lui devienne égal ou supérieur.

A ce moment, les agents affiliés à cette caisse tomberont sous le régime du présent décret.

Les fonds de réserve pouvant exister dans de telles caisses de répartition viendront s'ajouter, dès la dissolution de cette caisse, au fonds de prévoyance de la caisse autonome mutuelle.

Les compagnies qui effectuent déjà des versements supérieurs à 6 % ne pourront se prévaloir, pour les agents actuellement en service, des dispositions du présent décret pour diminuer la part qu'elles supportaient pour leur compte personnel. Le cas échéant, les sommes excédant ainsi les versements prescrits par le présent décret seront versées au livret spécial prévu à l'article 12.

Art. 25. — Le trésorier général de l'Algérie, les payeurs principaux d'Oran et de Constantine et leurs préposés, effectueront pour le compte du trésorier de la caisse autonome mutuelle, les opérations de recettes et de dépenses exécutées dans la métropole par les trésoriers-payeurs généraux et les receveurs particuliers des finances, en vertu du décret du 30 janvier 1923 dont ils appliqueront toutes les dispositions non contraires au présent décret.

Art. 26. — Pour permettre le payement à vue des pensions par le trésorier général de l'Algérie, les payeurs principaux et leurs préposés, sans mandatement préalable, la caisse autonome constituera à la caisse du trésorier général à Alger, une provision permanente, non productive d'intérêts, qui devra toujours être maintenue égale à la moitié d'un trimestre des arrérages à payer en Algérie, à l'exclusion des sommes à la charge de la caisse nationale des retraites pour la vieillesse.

Art. 27. — La mise en application du régime défini par le présent décret en exécution de la loi du 22 juillet 1922 est fixée au 1er janvier 1923.

Art. 28. — Les ministres des travaux publics, du travail, de l'hygiène et de la prévoyance sociales, des finances et de l'intérieur sont chargés de l'exécution du présent décret qui sera publié au *Journal officiel* de la République française et inséré au *Bulletin des lois* et au *Bulletin officiel* du gouvernement général de l'Algérie.

DÉCRET DU 11 FÉVRIER 1926

fixant les modalités des relations entre la Caisse autonome mutuelle de retraites et l'institut d'assurances sociales d'Alsace et de Lorraine.

ARTICLE PREMIER. — Les dispositions des titres V et VII du décret du 30 janvier 1923, relatif aux comptes individuels et à la liquidation des droits acquis, sont applicables dans les départements du Haut-Rhin, du Bas-Rhin et de la Moselle, sous réserve des modifications suivantes.

ART. 2. — Les agents en activité des chemins de fer secondaires d'intérêt général, des chemins de fer d'intérêt local et des tramways, dont le régime des retraites n'a pas été reconnu équivalent aux avantages prévus par la loi du 22 juillet 1922 ou qui auront opté pour le régime de retraite prévu par cette loi, sont dispensés de l'obligation de l'assurance-invalidité régie par le code des assurances sociales du 19 juillet 1911, ainsi qu'à l'assurance-professionnelle des employés, régie par la loi du 20 décembre 1911, pour la durée de leur affiliation à la caisse autonome mutuelle instituée par la loi susvisée du 22 juillet 1922. Il leur sera fait application des dispositions des articles 3 et 10 ci-après.

ART. 3. — Seront versées, à titre d'assurance continuée, au nom des agents justifiant du maintien de leurs droits acquis par des versements antérieurs, par année de service :

A l'institut d'assurance sociale (invalidité et vieillesse), 35 cotisations hebdomadaires ;

A la caisse d'assurance des employés, 8 cotisations mensuelles, correspondant aux salaires et traitements touchés par ces agents.

Le nombre des cotisations à verser aux institutions locales d'assurance sociale pour des fractions d'année de service est fixé aux deux tiers du nombre des cotisations qui, d'après la législation locale, devraient être versées, pour les périodes en question, si ces agents étaient assurés à titre obligatoire.

Il sera procédé ultérieurement s'il y a lieu, à une révision du nombre des cotisations visées aux alinéas qui précèdent.

Aucun versement ne sera effectué aux institutions locales d'assurances susvisées pour les agents qui ne justifient pas d'au moins

100 cotisations obligatoires de l'assurance-invalidité ou de 6 cotisations obligatoires de l'assurance des employés.

Sur le montant des retenues et versements fixés par les articles 6 et 7 de la loi du 22 juillet 1922, il sera prélevé tout d'abord les sommes nécessaires pour opérer, au nom des intéressés, les versements aux institutions locales d'assurance sociale déterminés aux alinéas 1er et 2 ci-dessus. Le solde sera versé, au nom des intéressés à la caisse autonome mutuelle de retraites des agents des chemins de fer secondaires d'intérêt général, des chemins de fer d'intérêt local et des tramways.

Art. 4. — L'exploitant joindra au récépissé à talon et à la déclaration de versements prévus à l'article 30, 2e alinéa, du décret du 30 janvier 1923, un bordereau sommaire, certifié par lui, du montant des versements qu'il aura effectués d'autre part au cours du trimestre écoulé aux institutions locales d'assurance visées à l'article 2. Le modèle de ce bordereau sera arrêté par la caisse autonome.

Art. 5. — L'exploitant portera sur le bordereau détaillé prévu au 3e alinéa de l'article 30 du décret du 30 janvier 1923, dans la forme qui sera indiquée par la caisse autonome, le montant total des versements effectués au cours de l'année aux institutions locales d'assurance.

Un extrait de ce bordereau, certifié exact par la caisse des assurances des employés sera transmis à la caisse autonome dans un délai de trois mois. En ce qui concerne les agents affiliés à l'institut d'assurance invalidité-vieillesse cet organisme devra adresser à la caisse autonome, dans le délai de trois mois suivant la rentrée de chaque carte, un bulletin indiquant le montant des versements portés sur cette carte et les périodes auxquelles ils s'appliquent.

Art. 6. — La caisse autonome mutuelle pourra adresser aux institutions locales d'assurance sociale les demandes de prestations au lieu et à la place des intéressés qui n'en auraient pas pris l'initiative suivant la procédure prévue par la législation locale.

Les décisions des institutions d'assurance sociale accordant ou refusant les prestations seront signifiées à la caisse autonome mutuelle qui pourra se pourvoir au lieu et à la place des intéressés.

Art. 7. — Les institutions locales d'assurance sociale payeront directement aux intéressés les rentes acquises en vertu de la législation locale.

Les fractions de rentes non imputables sur la retraite résultant de l'application de la loi du 22 juillet 1922 et les allocations supplémentaires seront acquises aux intéressés.

Les fractions de rentes imputables sur ladite retraite comprendront :

1° En ce qui concerne les rentes de la caisse d'assurance des employés, la portion de ces rentes acquise par des cotisations versées pendant les périodes où les intéressés auront occupé un des emplois visés par la loi du 22 juillet 1922 ou par des versements effectués pour le compte de la caisse autonome mutuelle, conformément aux dispositions de l'article 9 ci-après ;

2° En ce qui concerne les rentes d'invalidité de l'institut d'assurance sociale :

a) Une fraction de la somme de base calculée au prorata du nombre des cotisations versées dans les conditions déterminées au n° 1 ci-dessus pour la discrimination des rentes de la caisse d'assurance des employés ;

b) Les majorations correspondant auxdites cotisations.

Les rentes de vieillesse et les rentes de survivants allouées par l'institut d'assurance sociale seront fractionnées suivant les modalités prévues à l'alinéa précédent pour la discrimination de la somme de base des rentes d'invalidité.

Les cotisations supplémentaires que les intéressés auraient versées volontairement n'entrent pas en compte pour le calcul des fractions de rentes imputables sur les pensions servies par la caisse autonome.

Les institutions locales d'assurance sociale indiqueront à la caisse autonome les éléments qui auront servi de base au calcul des fractions de rentes à imputer sur les pensions de la loi du 22 juillet 1922.

Art. 8. — Les dispositions de l'article 7 ci-dessus ne s'appliquent qu'à la retraite liquidée correspondant à la période de service postérieure au 31 décembre 1922.

En ce qui concerne la période de service antérieure au 1er janvier 1923, les dispositions suivantes seront appliquées en exécution de l'article 19, avant-dernier alinéa, de la loi du 22 juillet 1922.

La portion des rentes des institutions d'assurance correspondant à cette période reste acquise aux intéressés. Ceux-ci recevront, en outre, de la caisse autonome, une fraction de pension calculée comme il est dit à l'article 19 précité de la loi du 22 juillet 1922, à raison de 1/100e du traitement moyen des six dernières années par année de service, sans que cette fraction de pension, ajoutée à la portion de rentes ci-dessus visée des institutions d'assurance, puisse dépaser 1/60e par année de service de ce traitement moyen.

Art. 9. — Lorsqu'un agent quittera le service dans les cas prévus à l'article 17 de la loi du 22 juillet 1922, il conservera le bénéfice des versements faits à son nom aux institutions d'assurance sociale et il aura droit, en outre, au remboursement de ses versements personnels :

Sans intérêts, s'il a moins de dix ans de service ;

Majorés des intérêts, de 1 %, s'il a de dix à quinze ans de service ;

Majorés des intérêts de 2 %, s'il a de quinze à vingt ans de service ;

Majorés des intérêts de 3 %, s'il a vingt ans de service, et au-dessus, et déduction faite du montant des versements qui auront été faits, à son nom, aux institutions locales d'assurance.

Ces sommes seront versées par la caisse autonome à la caisse nationale des retraites pour la vieillesse, pour lui constituer une retraite dont l'entrée en jouissance ne pourra être fixée à un âge antérieur à cinquante-cinq ans.

Art. 10. — Lorsqu'un agent sera mis à la retraite avant d'avoir droit à une rente des institutions locales d'assurance, l'exploitant transmettra, par l'intermédiaire de la caisse autonome mutuelle, la dernière carte quittance de l'agent à l'institution locale intéressée qui effectuera par la suite, à charge de remboursement par la caisse autonome mutuelle, les versements minima pour assurer en temps utile la liquidation de la rente dans le cas où les droits de l'intéressé ne seraient pas maintenus par des cotisations versées au titre de l'assurance obligatoire.

Art. 11. — Le subside d'Etat sera imputé sur les pensions servies par la caisse autonome et reversé chaque année par celle-ci au Trésor public.

Art. 12. — Les dispositions du présent décret, seront applicables avec effet du 1er janvier 1923.

Art. 13. — Le président du conseil, ministre de affaires étrangères, le ministre des travaux publics, le ministre du travail, de l'hygiène, de l'assistance et de la prévoyance sociales et le ministre des finances sont chargés, chacun en ce qui le concerne, de l'exécution du présent décret, qui sera publié au *Journal officiel* et inséré au *Bulletin des lois*.

III. — CIRCULAIRES

CIRCULAIRE MINISTÉRIELLE
DU 30 JANVIER 1923.

J'ai l'honneur de vous adrésser un exemplaire du décret portant règlement d'administration publique pour l'exécution du dernier alinéa de l'article 10 de la loi du 22 juillet 1922 relative aux retraites des agents des chemins de fer secondaires d'intérêt général, des chemins de fer d'intérêt local et des tramways.

Ainsi que vous le savez, cette loi est entrée en vigueur depuis le 1er janvier 1923. C'est à partir de cette date qu'ont commencé à courir les droits et les obligations des agents visés par ladite loi, ainsi que les obligations des administrations de chemins de fer et de tramways dont relèvent ces agents.

Les difficultés, qui pourraient se produire au sujet de l'application de l'une quelconque des dispositions de la loi ou du décret, devront m'être soumises sans délai. Après examen par mes services, et le cas échéant, transmission pour avis au conseil d'administration de la caisse autonome, je vous ferai connaître les mesures à prendre en vue de résoudre ces difficultés.

Dès à présent, je crois devoir vous fournir les précisions suivantes sur certaines questions, dont j'ai été d'ores et déjà saisi ou qui m'ont paru pouvoir être soulevées dans les rapports des exploitants et des agents avec la caisse autonome.

1° *Agents soumis aux dispositions de la loi.* — L'article 1er de la loi fait connaître qu'elle s'applique aux agents des voies ferrées d'intérêt local et aux agents des chemins de fer d'intérêt général autres que ceux soumis à la loi du 21 juillet 1909, en service permanent depuis au moins un an, exception faite des agents des exploitations énumérées aux 1°, 2°, 3°, 4° du dit article.

L'article 2 fait, d'autre part, connaître que sont considérés comme agents des voies ferrées appelés à bénéficier des dispositions de la loi tous les agents attachés, d'une manière régulière et permanente, à une administration ou à une compagnie exploitant un réseau de voies ferrées et un service de transports en commun sur route, lorsque les deux exploitations sont confondues et que les agents sont affectés indistinctement à l'une ou à l'autre exploitation.

La question s'est posée de savoir s'il y avait lieu d'étendre les dispositions de la loi au personnel affecté à une distribution d'énergie électrique dont est chargé un exploitant de voies ferrées d'intérêt local. ,

Cette question doit être résolue par cas d'espèces, suivant qu'il s'agit d'une distribution ayant pour objet principal l'exploitation du chemin de fer ou du tramway, ou qu'il s'agit, au contraire, d'une distribution dont l'objet principal est étranger à cette exploitation.

Dans le premier cas, les agents attachés à la distribution d'énergie électrique peuvent être logiquement assimilés aux agents du chemin de fer ou tramway ; il n'en est pas de même dans le second cas, où l'exploitant de voies ferrées, chargé en même temps d'une distribution d'énergie électrique, doit, s'il désire assurer au personnel de cette distribution des avantages équivalents à ceux du personnel de la voie ferrée, prendre, d'accord avec les intéressés, les dispositions utiles à cet égard sans l'intervention de la caisse autonome.

2° Définition du salaire sujet à retenue. — L'article 5, 2ᵉ alinéa, de la loi stipule que, dans les traitements ou salaires, on comprend les primes et tous les avantages accessoires assimilés à une augmentation de salaire qui ne constituent pas un remboursement de frais, un secours ou une gratification.

Ce texte est identique à celui du 2ᵉ alinéa de l'article 8 de la loi du 21 juillet 1909 relative aux conditions des retraites du personnel des grands réseaux de chemins de fer d'intérêt général. L'interprétation ne peut donc en souffrir aucune difficulté ; elle a été fixée par une jurisprudence qui, pour les grands réseaux, a maintenant une durée de 13 ans. Doivent être, en particulier, considérées comme ne rentrant pas dans le traitement ou salaire sujet à retenue les indemnités de cherté de vie (1), les allocations familiales, les indemnités de résidence, les allocations de zone dévastée, les gratifications, les allocations de chauffage et d'éclairage et les heures supplémentaires ; sont, par contre, considérés comme rentrant dans le traitement ou salaire sujet à retenue les primes de travail et de traction que reçoivent certaines catégories

---

(1) Il est à remarquer toutefois que, tandis qu'un certain nombre d'exploitants des voies ferrées d'intérêt local, ont incorporé dans les traitements ou salaires de leurs agents, l'indemnité de vie chère de 1.080 francs par an, d'autres exploitants continuent à la payer sous cette dénomination. Tenant compte de cette situation de fait, il y aura lieu, pour les réseaux sur lesquels aucune indemnité de vie chère n'a été incorporée dans le salaire, de compter, dans le traitement ou salaire sujet à retenue, une fraction de l'indemnité de vie chère payée par l'exploitant jusqu'à concurrence d'un maximum de 3 francs par jour ou 1.080 francs par an. En aucun cas, l'allocation exceptionnelle de cherté de vie de 720 francs payée par l'Etat ne devra être comprise dans le traitement ou salaire sujet à retenue.

d'agents et le logement ; celui-ci sera arbitré à 8 % du traitement (1) avec un minimum de 200 francs.

Il est bien entendu que le traitement ou salaire est celui qui est
réellement touché par l'agent, déduction faite, le cas échéant, des
journées de maladie ou d'absence sans solde.

3° *Taux des versements.* — L'article 6 de la loi a stipulé que
chaque agent doit subir une retenue de 5 % sur son salaire et au
maximum sur 12.000 francs par an.

L'article 7 stipule que les versements de l'exploitant sont de 6 %
du salaire jusqu'au maximum fixé de 12.000 francs par agent et
par an.

Il y aura lieu, pour tous les agents soumis aux dispositions de la
loi, en vertu de ses articles 1 et 2, d'exiger les versements à partir
du 1er janvier 1923. Les exploitants devront donc effectuer la retenue
de 5 % sur les salaires à partir de cette date et porter le montant
de ces retenues à un compte d'attente en vue d'en effectuer le versement à la caisse autonome dans les conditions prévues par
l'article 30 du décret.

En ce qui concerne les agents affiliés à des régimes spéciaux de
retraites dont le maintien a été demandé, et sous réserve de
décisions spéciales qui seraient d'ores et déjà prises pour certaines
de ces caisses, la retenue de 5 % devra être effectuée, étant entendu
que la dite retenue sera, le cas échéant, versée à la caisse spéciale
ou remboursée partiellement aux intéressés lorsqu'une décision
définitive sera intervenue au sujet de la demande de maintien de la
caisse. Il va d'ailleurs de soi que la retenue de 5 % à faire subir
aux agents ne se cumulera pas avec les versements qu'ils effectuent
déjà en vertu de leurs règlements antérieurs ; le cas échéant, il n'y
aura donc à leur retenir provisoirement, en outre, de la somme
correspondant à ces versements antérieurs, que la différence entre
la retenue légale de 5 % du salaire et le montant des versements
susvisés.

Les mêmes dispositions sont applicables aux versements de 6 %
du salaire des agents à la charge de l'exploitant sous réserve, le
cas échéant, de l'observation des dispositions du dernier alinéa de
l'article 20 de la loi.

Si, dans ce dernier cas, certaines administrations faisaient, antérieurement un versement supérieur à 6 % sur le traitement pro-

---

(1) Quand deux ou plusieurs agents d'une même famille tels que chef de
gare et receveuse, cantonnier et garde-barrière, etc., sont logés, le logement
ne compte que pour celui de ces agents à qui, en raison de ses fonctions,
est attribué le logement.

prement dit de l'agent, sans en faire aucun sur les accessoires du traitement (primes de travail ou de traction, valeur du logement) qui donnent lieu désormais à versements, elles devront, en exécution de l'article 20, continuer intégralement ce versement antérieur s'il dépasse 6 % du traitement sujet à retenue aux termes de la loi, en donnant à la partie dudit versement qui excède ces 6 % du traitement sujet à retenue l'affectation spéciale prévue par l'article 20 de la loi.

En ce qui concerne les ouvriers étrangers en service depuis un an au moins dans un emploi du cadre permanent, aucune disposition de la loi n'a indiqué qu'ils ne fussent pas compris dans le personnel qui y est soumis, mais elle n'a pas précisé quels seraient leurs droits. Le Gouvernement a décidé le dépôt d'un projet de loi qui comblera cette lacune et déterminera les droits des ouvriers étrangers. Il y a lieu, dès à présent, pour les exploitants, de faire subir à leurs ouvriers étrangers la même retenue qu'aux ouvriers de nationalité française et de verser le montant de cette retenue à un compte d'attente avec la contribution patronale corrélative de 6 %.

4° Versements à la caisse autonome mutuelle. — L'article 30 du décret stipule que, dans les 20 jours qui suivent la dernière paye afférente à chaque trimestre, l'exploitant verse à la recette des finances de l'arrondissement le montant des contributions patronales et ouvrières dues pour le trimestre écoulé ; chaque versement est appuyé d'un bordereau sommaire établi par l'exploitant et donne lieu à délivrance par le receveur des finances d'un récépissé à talon et d'une déclaration de versement.

La recette des finances ainsi visée est celle qui aura été désignée par l'exploitant et agréée par la caisse autonome.

Le versement devra comprendre, d'une part, les sommes exactes correspondant aux contributions patronales et ouvrières dues pour les deux premiers mois du trimestre ; en ce qui concerne le 3e mois, le versement pourra ne correspondre qu'à une évaluation aussi approximative que possible du montant de ces contributions, le redressement nécessaire étant fait lors du versement trimestriel suivant. Exceptionnellement, en ce qui concerne le dernier trimestre de l'année, le redressement devra avoir lieu au plus tard lors du dernier versement effectué, dans les 30 jours qui suivent la dernière paye afférente au mois de décembre, en exécution des dispositions des 3e et 4e alinéas de l'article 30 susvisé.

5° Cas de passage d'une entreprise où l'intéressé aurait été soumis à un régime spécial à une autre entreprise où il serait soumis au régime de la loi ou vice versa. — La question m'a été posée de savoir si, dans le cas envisagé, chacune des caisses de retraites ne devrait pas verser à l'ayant droit, lors de sa mise à la retraite, la part qui lui est propre.

La solution ainsi suggérée placerait, à un moment donné, les agents qui auraient été tributaires d'un régime spécial pendant une partie de leur carrière, dans des conditions nettement inférieures à celles qui résulteraient de l'application de la loi.

Il y aura lieu, dans l'examen des statuts des caisses spéciales dont le maintien est demandé, de se préoccuper de cette question en vue d'apporter aux dits statuts les modifications utiles pour assurer aux agents, qui en sont tributaires et qui passeraient dans une autre compagnie, des avantages analogues à ceux qui sont prévus par le dernier alinéa de l'article 17 de la loi pour les agents affiliés à la caisse autonome.

6° *Période transitoire.* — Il est bien entendu que les pensions prévues par l'article 19 de la loi sont réversibles dans les conditions prévues par l'article 18 ; en particulier les ayants droit d'agents décédés depuis le 1er janvier 1922 et remplissant les conditions exigées par le 1er alinéa de l'article 19 ont droit à la réversibilité prévue par l'article 18.

De même, les articles 15 et 16 de la loi s'appliquent pendant la période transitoire, étant entendu toutefois que les dispositions de ces articles ne peuvent, de toute évidence, s'appliquer qu'aux agents restés en service postérieurement au 1er janvier 1923 ; le cas des agents licenciés en 1922 ou ayant demandé leur mise à la retraite dès le 1er janvier 1923 est, en effet, fixé par le premier alinéa de l'article 19 qui stipule l'allocation d'une pension en faveur des seuls agents ayant plus de 60 ans d'âge et au moins 15 ans de services lors de l'application de la loi.

7° *Exonération des droits de timbre et d'enregistrement.* — Je vous rappelle qu'aux termes de l'article 25 de la loi les certificats, actes de notoriété et autres pièces relatives à l'exécution de ladite loi seront délivrés gratuitement et dispensés d'autres droits de timbre et d'enregistrement.

Le Ministre des Travaux publics,

LE TROCQUER.

CIRCULAIRE
de la Caisse autonome mutuelle de retraite
DU 19 AVRIL 1923.

Le décret du 30 janvier 1923 (*Journal Officiel* du 31 janvier) portant règlement d'administration publique pour l'exécution du dernier alinéa de l'article 10 de la loi du 22 juillet 1922, relative aux retraites des agents des chemins de fer secondaires d'intérêt général, des chemins de fer d'intérêt local et des tramways, prévoit que la caisse autonome mutuelle arrêtera les modèles de diverses pièces nécessaires à la mise en application de ladite loi.

Vous voudrez bien trouver ci-joint un certain nombre de ces modèles dont l'utilisation sera la plus immédiate et je vous serais obligé de vouloir bien les notifier aux exploitants de votre ressort par l'intermédiaire du service du contrôle local.

Bien que le libellé de ces modèles paraisse suffisamment explicite, je crois cependant devoir le compléter ci-après par quelques indications qui constitueront en quelque sorte la première jurisprudence indispensable pour l'exacte application de la loi.

A. — AFFILIATION DES AGENTS

1° En principe, le bulletin de renseignements n° 1 doit être adressé par l'exploitant pour tout agent remplissant les conditions prévues par l'article 3 de la loi du 22 juillet 1922, c'est-à-dire dès que l'intéressé a effectué « un an de service continu dans un emploi du cadre permanent » ;

2° Etant donné le manque d'uniformité actuel dans les statuts du personnel des diverses compagnies d'intérêt local et de tramways, il importe de noter que l'affectation *au cadre permanent* ne peut être considérée comme une condition essentielle de l'affiliation au nouveau régime de retraites. Il convient plutôt de se reporter au texte de l'article 2 de la loi qui vise d'une manière moins étroite tous les agents « attachés d'une manière régulière et permanente à une administration ou à une compagnie exploitant un réseau de voies ferrées ».

Il demeure d'ailleurs entendu que, dans tous les cas douteux signalés par les exploitants, la caisse autonome mutuelle décidera de l'affiliation après telle enquête qu'elle jugera nécessaire ;

3° Pour faciliter le travail de la caisse autonome mutuelle et mieux assurer l'application aussi rapide que possible de la loi, il serait désirable que les exploitants adressent dans le moindre délai des bulletins de renseignements modèle n° 1 *bis*, qui portent récapitulation des services des agents antérieurement au 1er janvier 1923. Ce dernier bulletin serait ainsi le seul employé pour le personnel actuel, le modèle n° 1 n'étant utilisé dans l'avenir que pour les agents qui n'auraient pas encore effectué une année continue de service permanent au 1er janvier 1923 (1) ;

4° Le bulletin de renseignements concernant une femme mariée doit être établi non pas au nom que celle-ci porte depuis son mariage mais à son nom patronymique ;

5° L'acte de notoriété qui peut être produit à l'appui du bulletin de renseignements, en remplacement du bulletin d'état civil, doit être établi dans les formes prescrites par l'article 71 du code civil, c'est-à-dire contenir la déclaration faite par sept témoins de l'un ou de l'autre sexe, parents ou non parents, des prénoms, nom, profession et domicile de l'intéressé et ceux de ses père et mère s'ils sont connus ; le lieu et autant que possible l'époque de sa naissance et les causes qui empêchent d'en rapporter l'acte. Les témoins signent l'acte de notoriété avec le juge de paix et s'il en est qui ne puissent ou qui ne sachent signer, il en est fait mention.

6° Les agents étrangers peuvent produire, au lieu et place de l'acte de notoriété, soit un extrait certifié conforme de l'acte de naissance annexé à leur acte de mariage, s'ils ont contracté mariage en France, soit, le cas échéant, un extrait également certifié du décret de naturalisation. Pour ceux d'entre eux qui, possédant une expédition de leur acte de naissance, ne voudraient pas s'en démunir et hésiteraient, en raison des frais, à s'en procurer un nouvel exemplaire, la caisse autonome mutuelle consent à recevoir en communication ce document afin de pouvoir en prendre copie ou extrait ; l'original sera ensuite restitué à son propriétaire par l'intermédiaire de l'exploitant.

---

(1) Voir pages 113 et 114 la liste des imprimés en usage à la Caisse autonome mutuelle de retraites, n°s 2 et 3.

B. — Bordereau sommaire trimestriel

7° Le bordereau sommaire trimestriel établi conformément au modèle n° 2 (1) est remis en un seul exemplaire par la partie versante au comptable du Trésor qui délivre pour chaque versement un récépisé et une déclaration de versement. Le récépissé constitue pour la compagnie la preuve du versement fait. La déclaration du versement est conservée par l'exploitant pour être annexée au bordereau détaillé annuel dont le modèle sera indiqué ultérieurement ;

8° Suivant les instructions données par M. le Ministre des travaux publics (circulaires des 30 janvier et 30 mars 1923) il y a lieu de comprendre dans le salaire ou traitement sujet à retenue :

a) Pour ce qui concerne les réseaux secondaires d'intérêt général et les voies ferrées d'intérêt local autres que les tramways urbains (dont les agents touchent l'indemnité de cherté de vie de 720 francs par an, payée par l'Etat), la totalité des sommes payées par l'exploitant au titre d'indemnité de vie chère, exclusion faite seulement de celles qui ont un caractère absolument temporaire et exceptionnel.

b) Pour ce qui concerne les tramways urbains dont les agents ne reçoivent pas l'indemnité de 720 francs payés par l'Etat, la totalité des indemnités de vie chère à l'exclusion d'une part, des indemnités d'un caractère essentiellement temporaire visées ci-dessus, et d'autre part, d'une somme de 2 francs par jour ou 720 francs par an, équivalente à l'indemnité de cherté de vie payée par l'Etat aux agents visés sur le paragraphe a.

Sont en outre comprises dans le traitement ou salaire sujet à retenue les primes de travail et de traction que reçoivent certaines catégories d'agents et le logement, celui-ci étant arbitré à 8 % du traitement avec un minimum de 200 francs ;

9° Dans les calculs, toute fraction de centime doit être négligée lorsqu'elle ne dépasse pas 0,0050 et, dans le cas contraire, doit être forcée jusqu'à concurrence d'un centime ;

10° Les « versements supplémentaires » mentionnés au bordereau sommaire sont ceux prévus soit par l'article 3, soit par l'article 20, dernier alinéa, de la loi du 22 juillet 1922.

Il est rappelé que ce dernier cas s'applique notamment aux compagnies qui faisaient antérieurement un versement de 6 % sur le traitement proprement dit des agents sans en faire aucun sur les

---

(1) Voir pages 113 et 114 la liste des imprimés en usage à la Caisse autonome mutuelle de retraites, n°ˢ 2 et 3.

accessoires du traitement (primes de travail ou de traction, valeur du logement) qui donnent lieu, désormais à versements. Si ce versement antérieur dépassait 6 % du traitement soumis à retenue aux termes de la loi, l'excédent devra être inscrit sous la rubrique « versements supplémentaires » ;

11° Les versements doivent être opérés soit à Paris, à la recette centrale des finances, de la Seine, soit en province, chez le receveur des finances, choisi une fois pour toutes par l'exploitant ;

C. — Demandes de liquidation de retraite

12° Le « salaire moyen » des six dernières années de service servant de base à la liquidation de la retraite est la moyenne des traitements ou salaires sujets à retenue aux termes de la loi du 22 juillet 1922, et payés à l'intéressé pendant les six périodes de douze mois consécutifs précédant la date de la cessation de ses services ;

13° Sauf dans le cas de mobilisation prévu par l'article 12 de la loi du 22 juillet 1922, le temps réglementairement passé sous les drapeaux ne peut entrer en compte dans la durée des services.

Lorsque l'intéressé, pour quelque cause que ce soit, n'aura pas effectué la totalité des services militaires imposés à sa classe par les lois de recrutement, la durée légale de ces derniers services sera toujours exclue du décompte des années exigibles pour lui ouvrir droit à une pension de retraite ;

14° L'âge et la durée des services sont décomptés par année, par mois et par jour, tant pour établir le droit à pension que pour fixer le montant de la retraite, étant entendu que le nombre des jours sera compté ou non pour un mois entier suivant qu'il dépassera ou non le chiffre de 15 ;

15° Dans le cas où un agent remplissant les conditions de retraite définies par la loi vient à décéder en activité de service, la veuve ou les orphelins, qualifiés, ont les mêmes droits que si l'agent avait été admis à la retraite le jour de son décès ;

16° La pension de retraite acquise par une femme en qualité d'agent d'une exploitation de voies ferrées est directement réversible par moitié sur ses orphelins.

En aucun cas le mari n'a droit à une pension du chef de sa femme prédécédée ;

17° Dans sa teneur actuelle, l'article 18, 1er alinéa, de la loi du 22 juillet 1922 ne semble pas reconnaître à la femme divorcée le bénéfice de la réversibilité.

Cependant, au vu des travaux préparatoires (notamment rapport n° 4.431 présenté par M. Charlot, député, et annexé au procès-verbal de la deuxième séance de la Chambre du 9 juin 1922), la caisse autonome mutuelle incline à penser que le texte légal comporte une erreur matérielle et qu'en fait le législateur a voulu accorder la réversibilité à la femme divorcée, si le divorce n'a pas été prononcé aux torts exclusifs de celle-ci.

Toutefois, étant donné l'importance des répercussions financières de cette interprétation, la caisse autonome mutuelle a saisi de cette question M. le Ministre des travaux publics et la solution définitivement adoptée sera ultérieurement notifiée ;

18° La pension de réversibilité peut se cumuler au profit de la veuve avec une pension de retraite acquise par elle en qualité d'agent d'une exploitation de voies ferrées.

La femme pensionnée qui contracte un nouveau mariage conserve tous ses droits à pension ; mais si, par suite de mariages successifs une femme se trouve pouvoir prétendre à plusieurs pensions de réversibilité, elle ne reçoit que la plus forte.

Le Directeur de la Caisse autonome mutuelle,
Signé : CARTIER.

CIRCULAIRE MINISTÉRIELLE

DU 28 SEPTEMBRE 1923.

(Commissions de réforme).

En exécution de l'article 23 de la loi du 22 juillet 1922, relative aux retraites des agents des chemins de fer secondaires d'intérêt général, des chemins de fer d'intérêt local et des tramways, la composition et le fonctionnement des commissions de réforme, prévues par le dit article, ont été déterminés par un décret, rendu dans la forme de règlement d'administration publique, qui a été inséré au *Journal officiel* du 24 juillet dernier.

Il vous appartient, pour la constitution de la commission de réforme qui siégera dans votre département,

1° De désigner :

a) L'ingénieur des ponts et chaussées ou des mines, agent voyer d'arrondissement ou fonctionnaire de grade correspondant, attaché au service du contrôle des voies ferrées d'intérêt local, ainsi que son suppléant ;

b) Le médecin assermenté et son suppléant ;

c) Les représentants de l'autorité qui a concédé chaque réseau, cette désignation ayant lieu sur la proposition du conseil général ou des conseils municipaux intéressés que vous aurez à consulter à cet égard.

2° D'inviter les exploitants à vous faire connaître le nom du représentant que chacun d'entre eux aura désigné.

3° De faire procéder à l'élection des représentants du personnel.

En vue de l'élection de ces représentants, vous aurez d'ailleurs à fixer tout d'abord, sur le rapport des services du contrôle, la répar-tition en catégories du personnel de chaque réseau dans les conditions indiquées par l'article 3 du décret du 21 juillet 1923.

Je vous rappelle que le nombre des catégories est au maximum de quatre et qu'une au moins est réservée au personnel moyen et une, éventuellement, au personnel supérieur. Il importera que les élections aient lieu à une date aussi rapprochée que possible, de manière à éviter tout retard dans la constitution des commissions de réforme; toutefois, la date des élections devra être choisie de façon telle qu'après intervention de l'arrêté fixant les catégories, les agents de chaque catégorie aient tout le temps nécessaire pour poser leur candidature et de manière que celle-ci puisse être portée, en temps utile, à la connaissance des électeurs.

En ce qui concerne l'établissement des listes électorales, je vous rappelle qu'aux termes de l'article 13 du décret du 21 juillet 1923, sont électeurs et éligibles, pour les premières élections qui auront lieu après la publication du dit décret, tous les agents de nationalité française ayant un an au moins de services continus dans un emploi du cadre permanent de leur réseau. Il va d'ailleurs de soi que ne sont ni électeurs ni éligibles les agents affiliés à un régime de retraite spécial maintenu par application des dispositions de l'article 1er (3e et 4e) de la loi du 22 juillet 1922 et qui auront opté pour ce régime spécial dans le délai imparti par la loi du 23 août dernier; c'est-à-dire avant le 1er octobre prochain ; ces agents n'auront, en effet, dans aucun cas, lieu de passer devant les commissions de réforme instituées par la loi du 22 juillet 1922 qui ne leur sera pas applicable non plus que les agents des chemins de fer visés à l'article 1er (1° et 2°) de la loi.

Il conviendra donc, dans les départements où ont été maintenus des régimes spéciaux, de ne procéder aux élections qu'après la date du 1er octobre ci-dessus visée, de manière que les listes électorales puissent être établies en toute connaissance de cause.

En ce qui concerne le fonctionnement des commissions de réforme, je vous rappelle que, conformément aux indications déjà données dans ma circulaire C. F., 6°, n° 286 du 30 janvier 1923, *les articles 15 et 16 de la loi du 22 juillet 1922 ne s'appliquent qu'aux agents restés en service postérieurement au 1er janvier 1923 ;* seront, dès lors, seules recevables les requêtes émanant d'agents remplissant cette condition.

D'autre part, le bénéfice de la pension d'invalidité n'étant accordé par la loi qu'en considération d'une incapacité absolue et permanente pour la fonction habituelle de l'agent, le certificat délivré par le médecin assermenté devra indiquer très exactement la date à laquelle la maladie ou l'accident est survenu et celle à laquelle se place le début de cet état d'incapacité ; cette même pièce devra mentionner les lésions et troubles fonctionnels entraînant la totalité de l'incapacité et faire connaître si cette dernière ne s'applique qu'à l'emploi habituel de l'intéressé ou si elle l'empêche d'exercer tout autre emploi dans l'exploitation de chemins de fer ou de tramways à laquelle il est affecté.

La décision de la commission de réforme devra fixer le point de départ de l'incapacité de travail qui marquera le point de départ de la pension et ne pourra, en aucun cas, être antérieure au 1er janvier 1923, date de la mise en application de la loi ; elle devra, en outre, indiquer très exactement tous les éléments essentiels d'appréciation retenus par la commission.

Pour éviter toute perte de documents, la notification à la caisse autonome mutuelle, prévue par l'article 6 du décret, devra, en cas de mise en réforme, être effectuée par l'intermédiaire de l'exploitant qui la joindra au dossier de liquidation de retraite.

Aux termes de l'article 5 du décret du 21 juillet 1923, la caisse autonome mutuelle doit déterminer la forme dans laquelle les Compagnies exploitantes auront à fournir aux commissions de réforme tous les renseignements utiles à l'instruction des requêtes directement soumises à ces organismes par les agents intéressés.

Pour satisfaire à cette prescription, la caise autonome m'a adressé un modèle de déclaration d'invalidité (1) ; elle y a joint un modèle de demande de liquidation de retraite pour cause d'invalidité (1) et un modèle de demande de liquidation de pension de la caisse nationale des retraites pour la vieillesse (2). Vous voudrez bien porter ces modèles de déclaration et de demande de liquidation de pension à la connaissance du service du contrôle et des exploitants en invitant ceux-ci à les faire connaître à leur personnel.

Veuillez m'accuser réception de la présente dépêche dont vous trouverez ci-joint une ampliation pour M. le Directeur du contrôle des voies ferrées de votre département.

Le Ministre des Travaux publics,
Yves LE TROCQUER.

---

(1) Voir pages 113 et 114 la liste des imprimés en usage à la Caisse autonome mutuelle de retraites, nos 17 et 18.
(2) *Idem*, n° 6.

CIRCULAIRE

de la Caisse autonome mutuelle de retraites
DU 10 JANVIER 1924.

Aux termes de l'article 30, 3e alinéa, du règlement d'administration publique en date du 30 janvier 1923, chaque exploitant doit adresser à la caisse autonome mutuelle dans les trente jours qui suivent la dernière paye afférente au mois de décembre, un bordereau détaillé récapitulant les versements effectués au cours de l'année, en exécution des articles 6 et 7 de la loi du 22 juillet 1922.

Le bordereau détaillé, arrêté par la caisse autonome mutuelle, a été édité par l'Imprimerie administrative centrale, 8, rue de Furstenberg, à Paris, et se compose de deux feuilles modèles n° 6 et n° 6 *bis* (1).

Sur la feuille n° 6 doivent figurer *tous* les agents affiliables au nouveau régime, qu'ils aient ou non été pourvus d'un numéro d'inscription, lors de l'établissement du bordereau.

Sur la feuille n° 6 *bis* ne doivent au contraire figurer que les agents bénéficiaires de *versements supplémentaires* au sens des articles 13 et 20, dernier alinéa, de la loi du 22 juillet 1922. Ces agents sont donc compris *deux fois*, sous deux rubriques de versements différentes, dans le bordereau détaillé.

Il est recommandé d'une façon toute spéciale de classer les agents, en commençant par le personnel du service roulant, par ancienneté d'âge ; l'ordre du classement, lorsqu'il s'agit des agents pour lesquels la caisse autonome mutuelle a déjà délivré les certificats d'inscription, est déterminé par le numéro de série et dans chaque série par le numéro d'ordre. Les agents pour lesquels le certificat d'inscription ne sera pas encore parvenu aux compagnies lors de l'établissement du bordereau annuel devront être inscrits à la fin de chaque catégorie.

Quand le nombre des agents nécessite l'emploi de plusieurs feuilles d'un même modèle, il convient de ne pas reporter les totaux d'une feuille sur la suivante, mais de récapituler seulement les totaux de chacune d'elles sur la dernière.

---

(1) Voir pages 113 et 114 la liste des imprimés en usage à la Caisse autonome mutuelle de retraites, n°s 11 et 12.

En outre, les totaux des colonnes 9, 10 et 11 de chacune des feuilles des modèles n° 6 et n° 6 *bis* sont récapitulés sur une formule modèle n° 6 *ter* (1), qui constitue le bordereau général auquel sont jointes les déclarations de versements remises aux exploitants par les comptables du Trésor, lors des versements trimestriels (art. 7 de la circulaire de la caisse autonome mutuelle aux préfets en date du 19 avril 1923).

Pour faciliter l'établissement de ces dernières pièces, je crois devoir revenir sur certaines règles déjà formulées dans la circulaire précitée, en les complétant par diverses indications tirées de décisions ministérielles postérieures.

§ A. — AFFILIATION DES AGENTS

I. — *Agents de la période transitoire.*

1° Pour tous les agents de la période transitoire, c'est-à-dire pour tous ceux qui peuvent justifier de services antérieurs au 1er janvier 1923, l'affiliation est de droit à partir de cette dernière date, s'ils ont au préalable, et à quelque époque que ce soit, accompli *une année de service continu dans un emploi permanent indispensable au fonctionnement normal d'une exploitation.*

Il n'y a pas lieu, en effet, d'opposer à ces agents les conditions prévues, pour la période normale, par l'article 3 de la loi du 22 juillet 1922 (service militaire antérieur, ou majorité pour le personnel féminin) puisque, par ailleurs, l'article 9 de cette loi fait entrer en ligne de compte *la durée effective* des services pour la détermination des retraites pendant la période transitoire.

2° Pour un agent entré en service dans le courant de l'année 1922, la date d'affiliation sera celle du 1er du mois de 1923 qui suivra la date effective d'accomplissement de l'année de service continu.

3° Les agents, qui avant leur appel sous les drapeaux avaient accompli leur année de service continu, doivent être affiliés à compter du premier jour du mois qui suit la date de leur réintégration, sans que toutefois celle-ci puisse être antérieure à la date de libération de leur classe. Si cette année de service continu n'avait pas été intégralement accomplie avant le départ sous les drapeaux, elle devrait être achevée par les intéressés à leur retour du service.

---

(1) Voir pages 113 et 114 la liste des imprimés en usage à la Caisse autonome mutuelle de retraites, n° 13.

4° Quelle que soit la dénomination sous laquelle ils figurent à l'effectif de leur compagnie (titulaires, commissionnés, auxiliaires, etc., tous les agents, maintenus en fonctions, doivent être affiliés dès qu'ils remplissent la condition essentielle d'une année de service continu dans un emploi permanent.

Toutefois, les agents appartenant à des administrations publiques qui seraient mis, en service détaché, à la disposition d'une exploitation soumise à la nouvelle loi, ne peuvent être affiliés à la caisse autonome mutuelle puisqu'ils bénéficient, par ailleurs, d'un régime de retraite en qualité de fonctionnaire de l'Etat, des départements ou des communes.

5° En principe, les agents susceptibles d'être classés dans la catégorie « service roulant » (S. R.) ne peuvent être que les suivants :

a) *Chemins de fer secondaires d'intérêt général, et chemins de fer d'intérêt local :*

>Mécaniciens et chauffeurs de route,
>Chefs de train,
>Receveurs en service normal dans les trains,
>Garde-freins.

b) *Tramways urbains :*

>Wattmen,
>Receveurs en service normal dans les voitures.

6° En ce qui concerne le classement des *contrôleurs*, le ministère des travaux publics a prescrit d'examiner leur situation par cas d'espèce, et de vérifier notamment si par la nature de leur emploi effectif, les intéressés passent la totalité ou la quasi-totalité de leur temps de travail sur les voitures.

En conséquence, les propositions de classement S. R. présentées par les exploitants doivent être appuyées d'un avis motivé du service du contrôle local.

Toutefois pour simplifier la procédure la caisse autonome mutuelle admettra que cet avis soit fourni une fois pour toutes, pour l'ensemble du personnel actuel des contrôleurs de chaque exploitation ; celle-ci n'aura par la suite qu'à rappeler, en cas de mutation, le nom du précédent titulaire d'emploi pour obtenir le classement service roulant (S. R.) de l'agent nommé en remplacement.

7° Il est formellement précisé que les agents qui n'exercent qu'accessoirement ou d'une façon intermittente les emplois du service roulant ne peuvent bénéficier des avantages du classement S. R.

II. — *Agents de la période normale.*

8° Pour les agents de la période normale, c'est-à-dire pour tous ceux qui n'ont effectué aucun service antérieurement au 1er janvier 1923 dans une des exploitations soumises à la nouvelle loi, les règles d'affiliation posées par l'article 3 de cette dernière doivent être strictement appliquées.

Toutefois, il est rappelé que l'affectation au *cadre permanent* ne saurait être considérée comme une condition essentielle de cette affiliation, étant donné le manque d'uniformité actuel dans la nomenclature du personnel des diverses compagnies.

Il y aura lieu, en conséquence, de se référer aux indications précédemment données sous les numéros 1 et 4 et qui s'appuient sur les termes plus larges de l'article 2 de la loi visant tous les agents « attachés d'une manière régulière et permanente à une administration ou à une compagnie exploitant un réseau de voies ferrées ».

9° Les agents des catégories I et II qui ayant dépassé la limite d'âge légale se trouveraient cependant encore en activité de service doivent être affiliés et leurs salaires doivent faire l'objet des retenues et versements patronaux réglementaires.

10° En vertu de la loi du 23 août 1923, les dispositions générales du nouveau régime sont devenues formellement applicables aux agents de nationalité étrangère. Leur affiliation doit donc être poursuivie suivant les mêmes règles et les retenues et versements patronaux doivent être effectués sur leurs traitements ou salaires dans les mêmes conditions que pour les agents français.

§ B. — Traitements ou salaires sujets a retenue

et versements supplémentaires

11° Conformément à l'article 5 de la loi, la retenue de 5 % et la contribution patronale de 6 % doivent porter :

a) Sur les traitements ou salaires proprement dits ;

b) Sur les indemnités de cherté de vie, exclusion faite seulement de celles qui ont un caractère absolument temporaire et exceptionnel ;

c) sur les primes de travail ou de traction ;

d) Sur les indemnités de logement. Lorsque ce dernier est fourni en nature par les compagnies, sa valeur est arbitrée forfaitairement à 8 % des sommes prévues aux paragraphes (a), (b), (c), avec minimum de 200 francs par an.

12° En ce qui concerne les indemnités de cherté de vie, il y a lieu de préciser que l'article précédent ne vise que les indemnités à la charge exclusive des compagnies et payées spécialement sous ce titre. D'autre part, les instructions ministérielles prescrivent :

a) *Pour les chemins de fer secondaires d'intérêt général et pour les chemins de fer d'intérêt local,* de déduire du total des indemnités de cherté de vie allouées aux agents la somme de 2 francs par jour, soit 720 francs par an, qui est payée par l'Etat ;

b) *Pour les tramways urbains,* d'appliquer une déduction équivalente à concurrence de 2 francs par jour, ou 720 francs par an, dans tous les cas où les compagnies versent effectivement à leur personnel une allocation sous le titre d'indemnité de cherté de vie. Si l'indemnité a été incorporée dans le traitement ou salaire, il n'y a pas lieu à déduction.

13° N'entrent pas dans les traitements ou salaires légalement sujets à retenue les allocations familiales, les indemnités de résidence, les allocations de zones dévastées, les allocations de chauffage et d'éclairage, les heures supplémentaires, les gratifications et généralement tous les versements qui constituent un remboursement de frais ou un secours temporaire et exceptionnel.

14° Le modèle n° 6 *bis* est plus particulièrement établi en vue des versements supplémentaires prévus par l'article 20, du dernier alinéa, de la loi du 22 juillet 1922. Rentrent dans ce cas les administrations qui faisaient, antérieurement au 1er janvier 1923, un versement personnel supérieur à 6 % sur le traitement proprement dit des agents, sans en faire aucun sur les accessoires du traitement (primes de travail, de traction, valeur du logement, etc.) qui donnent lieu désormais à versement. Ces compagnies devront, en conséquence, faire figurer, sous la rubrique « versements supplémentaires » la différence entre la somme totale correspondant aux bases antérieures de versements et la contribution de 6 % calculée sur les nouveaux éléments de compte.

Au cas, où des versements supplémentaires seraient effectués soit par les agents, soit par les exploitants, à titre bénévole dans les termes de l'article 13 de la loi, il suffira d'en faire mention sur la formule n° 6 *bis* et de laisser en blanc les colonnes 4 à 8 inclus.

Je vous serais obligé de vouloir bien prendre note de ces diverses dispositions dont l'exacte application, en facilitant le travail de vérification et de contrôle de la caisse autonome mutuelle, permettra également aux exploitants de diminuer leur propre travail d'établissement. J'ajoute que pour tenir compte des circonstances spéciales dans lesquelles sera dressé le premier bordereau détaillé afférent à l'année 1923, la caisse autonome mutuelle admettra une prorogation exceptionnelle du délai de présentation réglementaire, qui pourra être ainsi porté à deux mois au maximum. Toutefois, il est rappelé que le bordereau sommaire afférent au 4ᵉ trimestre 1923 devra être produit au plus tard le 20 janvier courant, et comprendra aussi exactement que possible la totalité des retenues et versements réglementaires.

Veuillez agréer, Monsieur le Directeur, l'assurance de mes sentiments très distingués.

Le Directeur de la Caisse autonome mutuelle,
G. CARTIER.

CIRCULAIRE

de la Caisse autonome mutuelle de retraites
DU 15 AVRIL 1924.

(Interruption de service pour cause de maladie).

———————

L'un des principes essentiels du nouveau régime de retraites institué par la loi du 22 juillet 1922 impose aux agents l'obligation d'être encore en service au moment où ceux-ci réalisent les autres conditions légales pour l'obtention d'une pension d'ancienneté ou d'invalidité.

Les articles 12, 13, 14, 15, 16 et 18 (réversibilité, paragraphe 5) sont particulièrement explicites à cet égard, et, s'il en était besoin il suffirait de rappeler que l'article 17 règle spécialement la situation des agents qui quittent le service en dehors des causes spécifiées par les articles précédents.

En pratique, la définition des mots « en service » a déjà donné lieu à de sérieuses difficultés du fait d'interruptions prolongées de service effectif, sans traitement ou salaire, pour cause de maladies contractées ou non dans l'exercice des fonctions. La diversité des errements suivis par les exploitants et souvent même l'absence de toute réglementation ferme en la matière n'ont pas permis, en effet, de déterminer une règle uniforme qui aurait été basée sur la date à partir de laquelle les intéressés ont cessé, pour raison de santé, de compter dans les cadres de leur compagnie.

Aussi après consultation du ministère des travaux publics et compte tenu de tous les intérêts en cause, le conseil d'administration de la caisse autonome mutuelle a-t-il reconnu dans sa séance du 10 avril 1924 qu'il y avait lieu de fixer à un an le délai maximum pendant lequel un agent n'exerçant pas effectivement ses fonctions pour cause de maladie pouvait être valablement considéré comme étant encore en service pour l'application des dispositions légales. Il va de soi d'ailleurs que si un agent a été rayé des cadres avant ce délai, c'est la date de radiation réelle qui sera considérée pour établir sa situation à l'égard de la nouvelle législation de retraite.

L'application de cette règle entraîne les conséquences principales suivantes :

1º Un agent malade depuis une date antérieure au 1ᵉʳ janvier 1921 se trouve exclu du bénéfice de la loi de 1922.

2º Les commissions de réforme ne devant fonctionner aux termes de la loi qu'à partir du 1ᵉʳ janvier 1923, un agent malade depuis une date antérieure au 1ᵉʳ janvier 1922 rentre dans le cas général visé par l'article 19 et ne peut en conséquence obtenir le bénéfice d'une retraite d'ancienneté, que s'il réalise au 1ᵉʳ janvier 1923 la double condition de 60 ans d'âge et de 15 ans de service (y compris l'année maximum d'interruption) prescrite par le paragraphe 1ᵉʳ de l'article 19.

3º Un agent malade depuis une date postérieure au 1ᵉʳ janvier 1922, et qui ne pourrait prétendre à pension à dater du 1ᵉʳ janvier 1923, eu égard à son âge et à sa durée de services, conservera cependant la faculté de se présenter devant la première commission de réforme régulièrement constituée dans son département.

Strictement, l'application de la règle aurait exigé que cette présentation intervînt au plus tard à l'expiration du délai maximum d'un an, qui tombe en 1923. Mais, en raison des retards apportés au fonctionnement des commisions de réforme, il a paru équitable de proroger, à titre exceptionnel, le délai jusqu'au jour où l'intéressé pourra effectivement passer devant la première commission. Au cas où il viendrait à décéder avant d'avoir pu être examiné, il sera considéré comme toujours *en service*, en vue de l'attribution à sa veuve de la pension de réversibilité prévue par l'article 18.

Il importe de souligner que cette réglementation a surtout pour objet de faciliter la liquidation du passé. Désormais, en effet, le fonctionnement normal des commissions de réforme permettra tant aux agents qu'aux exploitants d'éviter toute prolongation exagérée des interruptions de services pour cause de maladie, et de régler avant le délai d'un an les situations particulières.

Le Directeur de la Caisse autonome mutuelle,
G. CARTIER.

CIRCULAIRE

de la Caisse autonome mutuelle de retraites
DU 10 JUILLET 1924.

(Application de la loi du 22 juillet 1922).

Par lettre-circulaire du 10 janvier 1924 je vous ai indiqué un certain nombre de règles destinées à vous faciliter l'établissement des bordereaux détaillés annuels prescrits par l'article 30, 3e alinéa, du règlement d'administration publique en date du 30 janvier 1923.

Depuis lors l'attention du conseil d'administration de la caisse autonome a été attirée sur certaines difficultés, qui pouvaient résulter de l'application du principe posé dans le paragraphe A, en ce qui concerne l'affiliation des agents justifiant de services antérieurs au 1er janvier 1923 et appartenant, de ce fait, à la période transitoire.

Après en avoir délibéré dans ses séances des 11 mars, 10 avril et 27 juin derniers, le conseil a définitivement estimé qu'il y avait lieu de déterminer suivant les règles générales édictées par la loi du 22 juillet 1922, et notamment par l'article 3, la date d'affiliation des dits agents et le point de départ des années de service comptant pour la retraite.

Il conviendra en conséquence d'appliquer désormais la réglementation suivante dans toutes les questions d'affiliation ou de liquidation de pension :

1° Toutes les années de service effectuées antérieurement au 1er janvier 1923, avant l'appel sous les drapeaux (personnel masculin), la majorité ou le mariage (personnel féminin) seront exclues du temps minimum de service exigé pour la retraite ;

2° En tout état de cause, une année de service sera toujours déduite à titre de stage ;

3° Tous les agents ayant changé de compagnie, à quelque époque que ce soit, perdront une année de service à chaque changement, en exécution de l'article 17 de la loi.

Vous voudrez bien considérer comme annulées en ce qu'elles ont de contraire à la décision précitée les instructions qui vous ont été précédemment notifiées et saisir la caisse autonome mutuelle dans le moindre délai possible des révisions d'affiliations qui devraient être poursuivies en ce qui concerne le personnel de votre exploitation.

Je vous signalerai toutefois qu'aucune modification n'est apportée aux indications antérieures en ce qui concerne la nature des services ouvrant droit à l'affiliation. Conformément aux prescriptions ministérielles, quelle que soit la dénomination sous laquelle ils figurent à l'effectif de votre compagnie (titulaires, commissionnés, auxiliaires, etc...) tous les agents maintenus en fonction doivent être affiliés s'ils exercent un emploi permanent, c'est-à-dire indispensable au fonctionnement normal et régulier de l'exploitation, qu'elle qu'en soit la durée quotidienne effective. Ni un âge déjà avancé, ni l'existence d'une pension acquise à un autre titre que celui de la loi du 22 juillet 1922 (pensions militaires notamment) ne peuvent dispenser les agents de participer au nouveau régime de retraites, et, en cas d'infraction à ce principe, la caisse autonome mutuelle ne pourrait qu'en rejeter la responsabilité sur les exploitants puisqu'aux termes de l'article 9 de la loi ceux-ci doivent faire, d'office, les retenues réglementaires sur les salaires de leur personnel.

Je profiterai enfin de la présente communication pour vous recommander tout particulièrement l'adoption des mesures pratiques suivantes :

1° Notifier à la caisse autonome mutuelle les dates de cessation de fonctions lorsque les agents intéressés quittent leur emploi sans avoir droit à une retraite. Joindre à cet avis une situation modèle n° 4 *bis* (1) indiquant pour l'année courante le montant des retenues et de la contribution patronale. Le cas échéant, faire remplir et signer aux agents la demande de transfert de leurs versements personnels (2) en leur signalant, au préalable, que du fait de ce mode de remboursement ils perdront ultérieurement le bénéfice de toutes les années de service déjà effectuées.

2° Effectuer désormais les versements trimestriels dus à la caisse autonome mutuelle sans attendre l'extrême limite du délai prévu par l'article 30 du décret du 30 janvier 1923. L'attention du conseil a été tout spécialement attirée, lors de sa dernière séance, sur les inconvénients qui résulteraient pour la caisse d'une pratique qui, méconnaissant le véritable esprit de la disposition réglemen-

---

(1) Voir page 113 la liste des imprimés en usage à la Caisse autonome mutuelle de retraites, n° 6 *bis*.
(2) *Idem*, n° 16.

taire, dépasserait le vingtième jour du mois qui suit chaque trimestre pour opérer les versements prescrits, sous le prétexte que le paiement effectif des salaires d'un mois déterminé n'intervient que dans le courant des dix premiers jours du mois suivant. Considérant qu'il s'agit de versements approximatifs uniquement accompagnés d'un bordereau sommaire — ce qui réduit au minimum les formalités — le conseil m'a chargé de faire appel à toute la bonne volonté des compagnies pour obtenir, d'une manière désormais régulière, le versement des sommes réglementaires dans le délai encore très suffisant de dix ou quinze jours qui peut suivre la date réelle de paiement.

Si cette entente équitable ne pouvait être réalisée, le conseil, soucieux du légitime intérêt de la caisse autonome mutuelle, se verrait dans l'obligation de poursuivre, auprès de M. le Ministre des travaux publics, la modification de l'article 30 du règlement d'administration publique dans le sens d'un retour au mode de recouvrement mensuel des versements, usité dans d'autres caisses, notamment à la caisse des ouvriers-mineurs.

Veuillez agréer Monsieur le Directeur, l'assurance de mes sentiments très distingués.

Le Directeur de la Caisse autonome mutuelle,
G. CARTIER.

CIRCULAIRE

de la Caisse autonome mutuelle de retraites
DU 16 MARS 1925 AVEC SON ANNEXE.

(Compétence des Commissions de réforme).

Le premier fonctionnement des commissions de réforme prévues par la loi du 22 juillet 1922 (article 23) et constituées dans chaque département conformément aux dispositions du règlement d'administration publique en date du 21 juillet 1923 a révélé des divergences sensibles d'appréciation sur l'étendue de la compétence attribuée aux dites assemblées pour l'application des articles 15 et 16 de la loi précitée.

Alors que la plupart des commissions limitaient étroitement leur pouvoir de décision à la simple reconnaissance de *l'impossibilité* pour un agent de continuer son service, quelques-unes ont cru trouver dans le texte législatif le droit d'apprécier en même temps — et souverainement aussi — si cette impossibilité résultait ou non de l'exercice de ses fonctions, autrement dit si c'était à l'article 15 ou à l'article 16 de la loi organique qu'il fallait rattacher cette *impossibilité*.

A la suite d'une étude approfondie de la question, le conseil d'administration de la caisse autonome mutuelle a estimé que cette dernière interprétation ne pouvait se concilier ni avec le texte de la loi ni avec les données des travaux préparatoires. Il a, en conséquence, précisé comme il suit, pour la direction de la caisse autonome, les conditions d'application des articles 15 et 16 de la loi :

1° Les textes des articles 15 et 16 attribuent à la commission de réforme la seule compétence de décider si l'agent est incapable ou non de continuer son service ;

2° Les dispositions de l'article 16 ne s'appliquent qu'aux cas d'invalidité ressortissant aux lois sur les accidents du travail et les maladies professionnelles.

La question pour la caisse autonome mutuelle de savoir s'il y a lieu d'appliquer l'article 15 ou l'article 16 se résout ainsi d'une manière en quelque sorte automatique d'après les circonstances de faits : absence ou existence d'un accident du travail reconnu dans les termes de la loi du 9 avril 1898 et, le cas échéant, de la loi du 25 octobre 1919 et des lois subséquentes qui pourraient venir compléter cette dernière.

Je vous serais obligé de bien vouloir donner connaissance à M. le président de la commission de réforme de votre département de la solution ainsi apportée par le conseil d'administration de la caisse autonome mutuelle aux divergences d'interprétation de la loi qui se sont révélées lors des premiers travaux des commissions.

J'ajouterai que plusieurs de ces assemblées ont exprimé à la caisse autonome mutuelle le désir de voir dresser un modèle pour la rédaction des procès-verbaux de leurs séances ; j'ai pensé pouvoir répondre utilement à ce désir. Vous trouverez ci-joint un type de procès-verbal que j'ai fait établir dans ce but et qui pourrait être communiqué, à titre de renseignement, à la commission de réforme de votre département. Il ne vous échappera pas que l'uniformité des documents pour l'ensemble des départements ne peut que faciliter et accélérer grandement l'instruction des affaires.

Je vous serais obligé de vouloir bien m'accuser réception de la présente communication dont vous trouverez ci-joint une ampliation pour M. le Président de la commission de réforme de votre département.

Le Directeur de la Caisse autonome mutuelle,

G. CARTIER.

COMMISSION DE RÉFORME

*(Instituée en exécution de l'article 23 de la loi du 22 juillet 1922
et en conformité de l'article 10 du décret du 21 juillet 1923).*

EXTRAIT DU REGISTRE DES PROCÈS-VERBAUX

de la Commission de réforme du département d..........................

L'an mil neuf cent...

.... la Commission départementale de réforme constituée par arrêté préfectoral en date du.................................

s'est réunie à...

Etaient présents (1) :

MM...

....

....

....

....

....

Absents et excusés :

MM...

....

M... est désigné comme secrétaire.

M. le Président expose qu'il a été saisi d'une requête présentée par (2) ....

....

....

A cette requête était annexé un certificat établi par M...............

.... docteur en médecine et portant la date du...

Il est donné connaissance du dossier aux membres de la commission.

I. — EXAMEN DE LA REQUÊTE ET DÉLIBÉRATIONS DE LA COMMISSION

Exposer sommairement :

1° L'objet de la requête (en cas d'accident du travail ayant donné lieu à l'application de la loi du 9 avril 1898, indiquer les résultats de l'enquête).

Si la demande de mise en réforme est fondée sur une aggravation de l'infirmité de la victime par suite des conséquences d'un accident antérieur, indiquer si une demande en révision de l'indemnité a été formulée dans les conditions prévues par l'article 19 de la dite loi et quels en ont été les résultats.

2° Les observations de la compagnie.

3° L'avis du médecin assermenté et, s'il y a lieu, du médecin

---

(1) Il est rappelé qu'aux termes de l'article 6 du décret du 21 juillet 1923, la commission ne peut valablement délibérer que si quatre membres au moins, *dont un médecin assermenté*, sont présents. Indiquer à quelle catégorie appartient le représentant du personnel.

(2) Indiquer si la requête a été présentée par l'agent ou par la compagnie exploitante, ainsi que les nom et prénoms de l'agent, la compagnie et la catégorie du personnel auxquelles il appartient.

expert (1) en indiquant aussi exactement que possible la date à laquelle la maladie ou l'accident est survenu et celle à laquelle se place le début de l'incapacité de travail.

4° Les observations essentielles des autres membres de la commission.

II. — DÉCISIONS DE LA COMMISSION (2)

(3) { A l'unanimité.

{ A la majorité de..................... voix contre.................

La commission décide (4) :

1° Qu'en raison de son invalidité M.............................. est dans l'impossibilité de continuer son service à la compagnie d... et prononce, sa mise à la réforme, le point de départ de son incapacité de travail étant fixé au............................... comme date de sa mise à la retraite.

2° Que l'invalidité invoquée par M.............................. ne l'empêche pas de continuer son service à la compagnie d......... .... et rejette sa demande de mise à la réforme.

Le Secrétaire,   Le Médecin assermenté,   Le Président,

Pour extrait conforme, transmis à............................... .... en exécution de l'article 6 du décret du 21 juillet 1923.

A.........................., le...........................

Le Président de la Commission,

---

(1) Il est rappelé qu'aux termes de l'article 5 *in fine* du décret du 21 juillet 1923, s'il y a désaccord entre le médecin assermenté et le médecin traitant, la commission peut appeler devant elle un troisième médecin, à titre d'expert.

(2) Chaque décision doit être prise à la majorité des *membres* présents. En cas d'égalité, la voix du président est prépondérante (art. 6 du décret du 21 juillet 1923). Il est rappelé à cet égard que la jurisprudence du ministère des travaux publics considère comme nulle toute décision qui serait prise uniquement à la majorité des membres *votants*, par exemple par 3 voix contre 2 et 1 abstention. En pratique, la majorité est de 4 voix si la composition de la commission est normale, c'est-à-dire comporte six membres, y compris le président. Dans le cas où la commission ne réunirait que quatre membres (art. 6 du décret), la majorité ne peut être acquise que par 3 voix.

(3) Rayer l'une ou l'autre de ces deux indications.

(4) Rayer l'une ou l'autre de ces deux mentions.

CIRCULAIRE

de la Caisse autonome mutuelle de retraites
DU 9 AVRIL 1925.

(Certificat de mobilisation).

Ainsi que vous le savez, des dispositions législatives nouvelles insérées à l'article 1er de la loi du 15 janvier 1925, dont je vous adresse un exemplaire, permettant l'admission de la période de mobilisation 1914-1919 dans le nombre des années de service comptant pour la retraite et modifient sur ce point le texte du 5e alinéa de l'article 12 de la loi du 22 juillet 1922.

Le texte législatif dont il s'agit dispose en effet, que, « pour bénéficier de cet avantage (temps passé sous les drapeaux, en sus du service dans l'armée active, en cas de mobilisation) les agents mobilisés devront avoir appartenu au personnel du réseau pendant au moins une période continue d'un an avant la date de leur mobilisation et y avoir repris leur emploi dans le délai de six mois suivant leur démobilisation, ou dans le délai de six mois qui suivra la remise en exploitation du réseau au cas où celle-ci aurait été interrompue du fait des hostilités ».

Comme conséquence de cette modification de l'article 12 de la loi du 22 juillet 1922, il y aura lieu à l'avenir d'établir les relevés des salaires annexés aux demandes de liquidation de pension des agents qui ont été mobilisés ou considérés comme tels au cours de la dernière guerre, en faisant état de leur période de mobilisation.

En ce qui concerne les agents mobilisés aux armées qui n'ont perçu aucun traitement pendant les hostilités, il conviendra de fixer leurs salaires aussi exactement que possible, d'après les taux de rémunération pratiqués à cette époque pour les agents de mêmes catégories d'emplois dans votre exploitation.

Il conviendra, d'autre part, de joindre à ces demandes un certificat conforme au modèle ci-joint (1), et certifié par le bureau de recrutement compétent.

---

(1) Voir pages 113 et 114 la liste des imprimés en usage à la Caisse autonome mutuelle de retraites, n° 22.

Il y aurait dailleurs intérêt à ce que vous me fassiez parvenir, dès maintenant, un certificat semblable pour être annexé au dossier d'affiliation de ceux de vos agents qui seront susceptibles de bénéficier de la nouvelle disposition législative lors de la liquidation de leur pension de retraite.

J'ajoute que ce certificat sera prochainement mis en vente à l'Imprimerie administrative centrale, 8, rue de Furstemberg, Paris-6e, qui édite déjà les différents imprimés en usage pour le service des retraites.

Vous voudrez bien remarquer au surplus que le texte de la loi précitée ne vise que les agents *mobilisés* ou considérés comme tels et exige explicitement la double condition d'avoir appartenu à leur réseau pendant une période continue d'au moins un an avant la date de leur mobilisation et d'y avoir repris leur service effectif dans un délai de six mois, variable avec la remise en exploitation éventuelle des lignes.

Veuillez agréer, Monsieur le Directeur, l'assurance de ma considération distinguée.

Le Directeur de la Caisse autonome mutuelle,
G. CARTIER.

CIRCULAIRE DU 27 JUILLET 1925

(Prise en charge par certains agents de la totalité des versements constitutifs des retraites).

Ainsi que vous le savez, le conseil d'administration de la caisse autonome mutuelle a été amené à prendre en considération, dans le courant de l'année 1924, une demande tendant à faire reconnaître à certains agents placés temporairement en position d'absence sans traitement, mais non rayés des cadres (agents malades et agents remplissant des fonctions permanentes dans des associations syndicales régulièrement constituées), le droit de prendre à leur charge la retenue de 5 % et la contribution patronale de 6 % de manière à conserver, le cas échéant, le bénéfice de leur salaire normal d'activité en vue de la détermination du traitement moyen des six dernières années de service comptant pour la retraite.

Toutefois, avant de prendre une décision ferme à cet égard, le conseil avait exprimé le désir de connaître l'avis de M. le Ministre des travaux publics sur la légalité de cette mesure qui n'est pas explicitement prévue par les textes réglementaires.

Or, par une communication en date du 21 juillet 1925, le ministre vient de faire connaître qu'après examen de la question il estimait que les nouvelles dispositions recommandées par le conseil d'administration n'étaient contraires à aucune des stipulations de la loi du 22 juillet 1922 et que rien ne s'opposait dès lors à ce qu'elles soient appliquées aux agents ci-dessus désignés qui en réclameraient le bénéfice, sous réserve, bien entendu, qu'ils continuent pendant toute la durée de leur absence à faire partie du cadre permanent de leur compagnie.

En vous faisant part de cette décision, j'ai l'honneur d'attirer, en outre, votre attention sur les deux modalités d'applications suivantes qui ont été explicitement adoptées par le conseil d'administration :

1° La période desdits versements ne pourra excéder une durée de douze mois consécutifs en ce qui concerne les agents malades, sera limitée à la durée effective du mandat en ce qui concerne les agents remplissant des fonctions permanentes dans des associations syndicales régulièrement autorisées ;

2° Les bénéficiaires de la nouvelle mesure auront l'obligation de verser, par l'intermédiaire de leur compagnie, l'intégralité des 11 % prescrits par la loi tant sur le dernier traitement ou salaire considéré comme sujet à retenue avant la cessation effective de leur service que sur toute augmentation ultérieure de leurs appointements théoriques qui surviendrait pour quelque cause que ce soit. Ces versements s'effectueront trimestriellement aux mêmes époques que les versements ordinaires et figureront en fin d'année sur le bordereau détaillé avec mention spéciale de leur nature et de la période de temps à laquelle ils correspondent.

Veuillez agréer, Monsieur le Directeur, l'assurance de ma considération distinguée.

Le Directeur de la Caisse autonome mutuelle,
G. CARTIER.

CIRCULAIRE

de la Caisse autonome mutuelle de retraites
DU 30 AVRIL 1926.

(Application du décret du 11 février 1926).

Le décret du 11 février 1926 dont vous trouverez ci-joint un exemplaire, a fixé les modalités d'application, en Alsace et en Lorraine, des dispositions de la loi du 22 juillet 1922.

Aux termes des articles 2 et 3 de ce décret, les agents appartenant, soit à une exploitation dont le régime antérieur de retraite a été maintenu et qui auront opté pour la caisse autonome mutuelle, soit à une exploitation dont le régime a été supprimé, sont dispensés de l'assurance *obligatoire*, tant à l'institut d'assurances sociales (invalidité et vieillesse) qu'à la caisse d'assurance des employés. Toutefois, ceux qui, au 1er janvier 1923 ou à la date de leur affiliation si celle-ci est postérieure, justifient d'au moins 100 cotisations hebdomadaires obligatoires de l'assurance invalidité-vieillesse ou d'au moins 6 cotisations mensuelles obligatoires de l'assurance des employés, effectuent aux caisses locales, au titre de l'assurance continuée, sur les bases suivantes, des versements qui sont prélevés sur les retenues de 5 % et la contribution patronale de 6 % prévues par les articles 6 et 7 de la loi du 22 juillet 1922 :

A l'institut d'assurances sociales (invalidité et vieillesse) : 35 cotisations hebdomadaires par année de service;

A la caisse d'assurance des employés : 8 cotisations mensuelles par année de service.

Pour des fractions d'année — et notamment dans le cas d'agents dont la période d'affiliation ne porte pas sur une année entière, ou pour des agents qui ont été malades — le nombre des cotisations à verser est fixé aux deux tiers du nombre des cotisations qui devraient être payées si les agents étaient assurés à titre obligatoire.

En ce qui concerne les agents qui, au 1er janvier 1923 ou à la date de leur affiliation lorsque celle-ci est postérieure, ne justifient pas du nombre minimum de cotisations obligatoires imposé par le décret, la totalité des contributions de 5 % et 6 % est versée à la caisse autonome mutuelle.

7*

Pour faciliter à votre compagnie l'accomplissement des formalités qui lui incombent, j'ai réuni dans la présente instruction, en même temps que les règles générales en usage depuis la mise en vigueur de la législation nouvelle, les règles spéciales applicables en Alsace et en Lorraine, en matière d'affiliation et de versements.

§ A. — Affiliation des agents.

1. — L'affiliation est obligatoire pour tout agent ayant accompli, postérieurement à son service militaire, si c'est un homme, à sa majorité ou à son mariage si c'est une femme, *une année de service continu dans un emploi nécessaire au fonctionnement régulier et permanent de l'exploitation*, quels que soient sa *dénomination* (titulaire, commissionné, auxiliaire, etc.), *son âge, sa nationalité et la durée quotidienne de son travail.*

2. — Le dossier d'affiliation doit être adressé à la Caisse autonome mutuelle dès qu'un agent remplit les conditions requises. Il comporte essentiellement un relevé de services ou un bulletin de renseignements et un bulletin d'état civil. Le relevé de services (modèle 1 *bis*) est employé lorsqu'il y a lieu de récapituler des services antérieurs, le bulletin de renseignements est utilisé pour les agents nouveaux ne justifiant d'aucun service antérieur dans les exploitations de chemins de fer secondaires et de tramways.

3. — Les Alsaciens et les Lorrains réintégrés dans la qualité de français en vertu du § 1 de l'annexe à la section V du traité de Versailles produiront l'extrait d'inscription sur le registre tenu à la mairie de leur résidence. Les agents ayant obtenu cette qualité par application du § 2 de la même annexe produiront l'extrait du jugement du tribunal du bailliage, prononçant l'admission. Enfin, les agents étrangers naturalisés français remettront un extrait du *Bulletin des Lois* contenant insertion du décret de naturalisation. Toutefois, lorsque la naturalisation est postérieure au 1er janvier 1923, il suffit d'indiquer, à la caisse autonome mutuelle, la date du décret.

4. — Il convient de mentionner, sur le bulletin de renseignements ou le relevé des services, si l'agent est assuré à une caisse locale (institut d'assurances sociales-invalidité-vieillesse, ou caisse d'assurance des employés), et, le cas échéant, le nombre de cotisations antérieures obligatoires dont il justifie à la date considérée comme point de départ de l'affiliation.

5. — En principe, les agents susceptibles d'être classés dans la catégorie « service roulant » (S. R.) ne peuvent être que les suivants :

a) *Chemins de fer secondaires d'intérêt général et chemins de fer d'intérêt local :*

> Mécaniciens et chauffeurs de route,
> Chefs de train,
> Receveurs en service normal dans les trains,
> Garde-freins.

b) *Tramways urbains :*

> Wattmen,
> Receveurs en service normal dans les voitures.

6. — En ce qui concerne le classement des *contrôleurs*, le ministère des travaux publics a prescrit d'examiner leur situation par cas d'espèce, et de vérifier notamment si, par la nature de leur emploi effectif, les intéressés passent la totalité ou la quasi-totalité de leur temps de travail sur les voitures. En conséquence, les propositions de classement S. R. présentées par les exploitants doivent être appuyées d'un avis motivé du service du contrôle local.

7. — Il est formellement précisé que les agents qui n'exercent qu'accessoirement ou d'une façon intermittente les emplois du service roulant ne peuvent bénéficier des avantages du classement S. R.

§ B. — Traitements et salaires sujets à retenue.

8. — La retenue de 5 % et la contribution patronale de 6 % doivent porter sur :

a) Les traitements ou salaires proprement dits ;

b) Les indemnités et indemnités supplémentaires de cherté de vie, même temporaires, exception faite seulement de celles qui ont un caractère absolument provisoire et exceptionnel, comme, par exemple, celles qui sont payées à certaines époques de l'année seulement, pour faire face au renchérissement momentané de la vie dans telle ou telle localité ;

c) Les primes de travail et de traction ;

d) Les indemnités de logement. Lorsque ce dernier est fourni en nature par les compagnies, sa valeur est arbitrée forfaitairement à 8 % des sommes prévues aux alinéas (*a*), (*b*), (*c*) ci-dessus, avec minimum de 200 francs par an.

9. — En ce qui concerne les indemnités de cherté de vie, il y a lieu de préciser que l'article précédent ne vise que les indemnités à la charge exclusive des compagnies ou des pouvoirs concédants et payées spécialement sous ce titre. D'autre part, les instructions ministérielles prescrivent :

a) *Pour les chemins de fer secondaires d'intérêt général et pour les chemins de fer d'intérêt local* de déduire du total des indemnités de cherté de vie allouées aux agents, la somme de 2 francs par jour, soit 720 francs par an tant que cette somme est payée par l'Etat.

b) *Pour les tramways urbains* d'appliquer une déduction équivalente, à concurrence de 2 francs par jour ou 720 francs par an, dans tous les cas où les compagnies versent effectivement à leur personnel une allocation sous le titre d'indemnité de cherté de vie. Si l'indemnité a été incorporée dans le traitement ou salaire, il n'y a pas lieu à déduction.

10. — Les salaires ou fractions de salaires alloués aux agents malades n'ayant pas le caractère de secours sont soumis aux retenues réglementaires.

11. — N'entrent pas dans les traitements ou salaires légalement assujettis aux versements les allocations familiales, les indemnités de résidence, les allocations de zones dévastées, les allocations de chauffage et d'éclairage, les heures supplémentaires, les gratifications et généralement tous les versements qui constituent un remboursement de frais ou un secours temporaire et exceptionnel.

12. — Les agents placés temporairement en position d'absence sans traitement mais non rayés des cadres (agents malades et agents remplissant des fonctions permanentes dans des associations syndicales régulièrement constituées) sont autorisés à prendre à leur charge la retenue de 5 % et la contribution patronale de 6 % de manière à conserver, le cas échéant, le bénéfice de leur salaire normal d'activité en vue de la détermination du traitement moyen des six dernières années de service comptant pour la retraite. La période des dits versements ne pourra excéder une durée de douze mois consécutifs en ce qui concerne les agents malades et sera limitée à la durée effective du mandat en ce qui concerne les agents remplissant des fonctions permanentes dans des associations syndicales. Les versements de ces agents, qui

doivent s'effectuer trimestriellement, aux mêmes époques que les versements ordinaires, seront calculés sur les traitements ou salaires considérés comme sujets à retenue avant la cessation effective de leur service et, le cas échéant, sur toute augmentation ultérieure de leurs traitements théoriques qui surviendrait pour quelque cause que ce soit.

⁂ C. — Versements.

13. — Les versements doivent nécessairement être effectués à la caisse autonome mutuelle :

a) A partir du 1er janvier 1923 en ce qui concerne les agents en service à cette date et qui justifiaient de l'année de service continu requise par l'article 3 de la loi ;

b) A partir de la date d'affiliation fixée conformément aux dispositions légales en ce qui concerne les autres agents.

Cette date est indiquée par la caisse autonome sur les bordereaux d'envoi des certificats d'inscription, et, en cas de divergence de vues à cet égard, il y a lieu d'aviser immédiatement ladite caisse.

14. — C'est également à la date fixée comme point de départ des versements, d'une part, que les agents doivent réaliser les conditions requises par l'article 3 du décret du 11 février 1926 pour être admis au bénéfice de l'assurance continuée, et d'autre part, que, pour ces agents, les cotisations revenant aux caisses locales sont versées sur les bases prévues par ledit article.

15. — Les versements de contributions patronales et ouvrières revenant à la caisse autonome mutuelle doivent être effectués à la recette des finances de l'arrondissement, au plus tard le 20e jour du mois qui suit chaque trimestre, c'est-à-dire, le 20 avril, le 20 juillet, le 20 octobre et le 20 janvier. Chaque versement, justifié au moyen d'un bordereau sommaire (conforme au modèle ci-joint) (1) qui est remis ou adressé, en même temps que les fonds, au comptable, donne lieu à la délivrance d'un récépissé à souche et d'une déclaration de versement. Le récépissé constitue pour la compagnie la justification du versement et doit être conservé dans sa comptabilité ; la déclaration est annexée au bordereau détaillé annuel.

---

(1) Voir pages 113 et 114 la liste des imprimés en usage à la Caisse autonome mutuelle de retraites, n° 24.

§ D. — Bordereau détaillé.

16. — La feuille modèle n° 6 — Alsace et Lorraine (1) — du bordereau détaillé comporte la décomposition, d'une part, des salaires et allocations diverses soumises à retenue et touchées par chaque agent affilié au titre de l'année pour laquelle il est établi, et, d'autre part, des versements correspondants effectués tant à la caisse autonome mutuelle qu'aux caisses locales. .

17. — Les salaires touchés, de même que les cotisations versées aux caisses locales au titre de périodes pendant lesquelles des agents accomplissent soit l'année d'emploi continu préalable à l'affiliation, soit l'année de stage *sans versements* imposée par l'article 17 — dernier alinéa modifié — de la loi organique (Voir art. 23 ci-dessous) ne doivent pas figurer sur le bordereau détaillé.

18. — Pour la facilité des calculs, les salaires peuvent être arrondis au franc inférieur lorsque la fraction ne dépasse pas 0 fr. 50, et, dans le cas contraire, forcés au franc supérieur.

19. — La feuille modèle 6 *bis* (2) mentionne les versements supplémentaires prévus, soit par l'article 13, soit par l'article 20 de la loi du 22 juillet 1922, et les agents bénéficiaires de ces versements se trouvent donc compris deux fois, sous deux rubriques différentes, dans le bordereau détaillé.

20. — Il est recommandé d'une façon toute spéciale de classer les agents en commençant par le personnel du service roulant, par ancienneté d'âge ; l'ordre du classement, lorsqu'il s'agit des agents pour lesquels la caisse autonome mutuelle a déjà délivré les certificats d'inscription, est déterminé par le numéro de série, et, dans chaque série, par le numéro d'ordre. Les salaires et versements des agents visés à l'article 12 ci-dessus, applicables aux périodes d'absence, seront inscrits à la fin du bordereau, avec mention spéciale de leur nature et de la période de temps à laquelle ils correspondent.

21. — Quand le nombre des agents nécessite l'emploi de plusieurs feuilles d'un même modèle, il convient de ne pas reporter les totaux d'une feuille sur la suivante, mais de récapituler les totaux de chacune d'elles sur la dernière.

---

(1) Voir pages 113 et 114 la liste des imprimés en usage à la Caisse autonome mutuelle de retraites, n° 23.
(2) *Idem*, n° 12.

22. — Lorsque le bordereau détaillé comporte plusieurs feuilles des modèles 6 et 6 *bis*, les totaux de chacune d'elles sont récapitulés sur une feuille modèle 6 *ter* (1).

23. — Le bordereau détaillé, établi comme il est indiqué ci-dessus, est adressé à la caisse autonome mutuelle en janvier, accompagné des déclarations de versement remises aux exploitants par les comptables lors des versements trimestriels et des bulletins de changement de situation (Voir article 29 ci-après).

¿ E. — Interruption et reprise de service.

23 bis. — Tout agent qui, après une interruption de durée quelconque reprend du service dans son ancienne compagnie, ou dans une autre compagnie peut, s'il n'a pas précédemment demandé la liquidation de son compte individuel, conserver le bénéfice de ses services antérieurs et continuer d'être affilié à la caisse autonome mutuelle. Cet avantage lui est réservé dans les conditions suivantes, qui sont différentes suivant que la reprise de service est antérieure ou postérieure au 15 janvier 1925 :

a) *Reprise de service antérieure au 15 janvier 1925.* — Les cas de l'espèce restent soumis aux règles édictées par le dernier alinéa de l'article 17 de la loi du 22 juillet 1922 et les agents intéressés doivent accomplir, à dater de la reprise de service, *une année de stage avec versements qui ne comptera pas pour la retraite.* Toutefois, lorsque l'année de stage n'est pas terminée le 15 janvier 1925, il est admis que les versements soient interrompus à cette dernière date pour être repris normalement à l'expiration dudit stage.

b) *Reprise des services postérieure au 15 janvier 1925.* — L'article 2 de la loi du 15 janvier 1925, modifiant l'article 17, dernier alinéa de la loi organique, dispense de tout stage les agents qui changent de compagnie avec l'assentiment des deux compagnies intéressées. Par extension, le conseil d'administration de la caisse autonome mutuelle admet également que cette mesure bienveillante soit appliquée aux agents qui, après une interruption de durée quelconque, réintègrent leur ancienne compagnie ; les versements des intéressés peuvent être en conséquence effectués à compter de la reprise de service.

24. — Les agents dont le compte individuel a été liquidé, et qui ne peuvent, de ce fait, bénéficier des dispositions rappelées à

---

(1) Voir pages 113 et 114 la liste des imprimés en usage à la Caisse autonome mutuelle de retraites, n° 13.

l'article 23 ci-dessus, sont considérés, à leur reprise de service, comme des agents entrant pour la première fois dans une exploitation de chemins de fer secondaires et de tramways. Il ne peut être tenu compte de leurs services antérieurs et leur affiliation est prononcée à l'expiration de l'année de service continu prévue par l'article 3 de la loi.

§ F. — Renseignements divers à fournir à la caisse autonome mutuelle.

25. — A l'appui de toute demande de liquidation transmise par l'exploitant doit être annexée une situation modèle 4 *bis*, conforme au modèle (1), des salaires et des versements correspondants effectués depuis le 1er janvier de l'année en cours.

26. — Les demandes de liquidation de comptes dans les termes de l'article 9 du récent décret, doivent être établies par les agents au moment de leur départ sur des formules conformes au modèle ci-joint, et adressées à la caisse autonome mutuelle, par l'exploitant, accompagnées des pièces requises et, de la situation modèle 4 *bis* visée à l'article 25 ci-dessus. Lorsque les agents ne signent pas immédiatement la demande de transfert, l'exploitant peut leur remettre la formule réglementaire qu'il leur appartiendra de transmettre ensuite, directement, à la caisse autonome mutuelle. Dans ce cas, le départ de l'agent est signalé par l'envoi de la situation modèle 4 *bis* qui est adressée seule et immédiatement à la dite caisse par l'exploitant.

27. — La caisse autonome mutuelle doit être avisée sans délai de l'entrée en service de tout agent qui remet son précédent certificat d'inscription à son nouveau patron (article 28 du décret du 30 janvier 1923), lorsqu'il n'y a pas eu antérieurement liquidation du compte individuel de l'intéressé. Les versements d'un tel agent sont repris dans les conditions indiquées à l'article 23 ci-dessus. S'il s'agit d'un agent changeant de compagnie avec l'assentiment des deux compagnies intéressées (postérieurement au 15 janvier 1925) il convient d'annexer à l'avis adressé à la caisse autonome mutuelle un certificat signé du directeur de chacune des compagnies.

28. — Les bulletins de changement de situation (2) prévus par l'article 29 du décret du 30 janvier 1923 sont produits dans les cas

---

(1) Voir pages 113 et 114 la liste des imprimés en usage à la Caisse autonome mutuelle de retraites, no 25.
(2) *Idem*, no 10.

de : changement de nationalité, modification d'état civil, changement de catégorie, interruption de service pour mise en disponibilité, mise à pied, etc...

Veuillez agréer, Monsieur le Directeur, l'assurance de ma considération distinguée.

Le Directeur de la Caisse autonome mutuelle,

G. CARTIER.

CIRCULAIRE

de la Caisse autonome mutuelle de retraites
DU 30 AVRIL 1928.

(Application de la loi du 31 mars 1928).

La loi du 31 mars 1928 dont vous trouverez ci-joint un exemplaire conforme au texte inséré dans le *Journal Officiel* du 1er avril courant vient d'apporter un certain nombre de modifications ou de compléments au régime de retraites institué par la loi du 22 juillet 1922 en faveur des agents des chemins de fer secondaires d'intérêt général, des chemins de fer d'intérêt local et des tramways.

Pour faciliter à votre compagnie l'accomplissement de diverses formalités qui résultent des nouvelles prescriptions législatives, j'ai réuni sous les quelques rubriques suivantes les principales règles d'exécution auxquelles vous voudrez bien pratiquement vous référer.

I. — Salaires sujets à retenue.

Le maximum des salaires sur lesquels sont basées obligatoirement la retenue ouvrière de 5 % et la contribution patronale de 6 % est élevé de 12.000 francs à 18.000 francs par l'article 3 de la loi nouvelle. Cette disposition comporte explicitement effet rétroactif remontant au 1er janvier 1923 et les exploitants et les agents sont tenus solidairement responsables des versements qui en découlent.

Pour les agents en activité de service, les rappels afférents à la période 1er janvier 1923 — 31 décembre 1927 donneront lieu à l'établissement immédiat d'un relevé indiquant pour chaque affilié, et sur une ligne par année, le montant du complément de salaire ou de traitement ainsi que le détail des cotisations correspondantes. Dans une colonne spéciale, il conviendra de signaler ceux des intéressés qui auront demandé à acquitter l'arriéré de leurs versements personnels par prélèvement sur le livret de superretraite dont ils sont titulaires.

En principe, le versement des dits rappels doit être effectué sans délai entre les mains du comptable habituel, avec bordereau sommaire spécial à l'appui en indiquant l'objet.

Toutefois, la Caisse autonome mutuelle est disposée, en ce qui concerne la retenue de 5 %, à envisager l'admission d'un certain échelonnement qui sera déterminé suivant l'importance des rappels. A cet effet, vous voudrez bien également mentionner dans le relevé précité le délai demandé par les intéressés, délai qui ne semble pas d'ailleurs pouvoir dépasser une année à partir de la présente instruction. Dans ce cas, les versements successifs de retenues seront compris sur les prochains bordereaux sommaires trimestriels avec, en regard, une indication spéciale.

Il doit demeurer d'ailleurs bien entendu que les intéressés ne pourront réclamer le bénéfice de l'un quelconque des avantages prévus par la législation sur les retraites avant d'avoir intégralement versé le montant des retenues rétroactives qui leur incombent.

En ce qui concerne l'année courante, les rappels afférents au 1er trimestre pourront être répartis sur les prochains mois, mais le bordereau détaillé de 1928 devra comprendre la totalité des nouveaux salaires soumis à retenue.

Pour les agents déjà retraités, le conseil d'administration de la caisse autonome mutuelle a estimé qu'il appartenait aux intéressés de s'entendre avec leurs anciens employeurs pour l'acquittement intégral des versements rétroactifs.

Au surplus vous voudrez bien noter que, dans leur cas, aucun délai de versement ne peut être envisagé et que les comptes de superretraite, déjà liquidés, ne sont donc plus susceptibles de supporter aucun prélèvement.

Toutefois, pour permettre aux intéressés de se libérer plus facilement, la caisse autonome mutuelle admettrait, sur autorisation écrite de leur part, de décompter les versements rétroactifs sur le montant des rappels d'arrérages qui résulteront de la nouvelle liquidation de leur pension.'

II. — Agents demeurés dans les régions envahies.

Les agents qui ont séjourné en territoire occupé par les troupes ennemies, peuvent désormais bénéficier de tout ou partie des années de guerre dans le calcul du minimum de services exigé pour l'obtention d'une retraite, « sans cependant que les dites années de guerre donnent lieu à l'attribution de soixante-quinzièmes ».

Chargée par la loi elle-même de prescrire les formes dans lesquelles les intéressés auront à justifier de leurs droits, la caisse autonome mutuelle a arrêté la réglementation suivante :

1° Les agents ayant séjourné dans les régions envahies qui ont été rapatriés au cours des hostilités produiront une copie, certifiée conforme par le maire, de la carte constatant leur identité qui leur a été délivrée par le préfet, conformément aux instructions générales du ministère de l'intérieur. Au cas où cette carte serait perdue, elle pourrait être remplacée par un certificat du maire de la commune où ils résidaient durant l'invasion, indiquant, tout au moins approximativement, la date à laquelle ils ont quitté la commune;

2° Les agents demeurés en pays envahis pendant toute la durée de l'occupation fourniront un certificat établi par le maire de leur résidence indiquant qu'ils ont habité ladite commune durant l'envahissement.

Il y aurait d'ailleurs intérêt à ce que vous me fassiez parvenir dès maintenant ces pièces, pour être annexées au dossier individuel de ceux de vos agents qui seront susceptibles de bénéficier de la nouvelle disposition législative lors de la liquidation ultérieure de leurs droits.

III. — Emploi des agents retraités.

Dès réception de la présente instruction, vous voudrez bien m'adresser un état nominatif certifié sincère et véritable des agents, titulaires d'un livret de pension de la caisse autonome mutuelle, qui seraient encore employés d'une manière régulière et permanente dans votre exploitation ; cet état devra indiquer notamment la date de la reprise de service en vue de la réaffiliation des intéressés. J'attire tout particulièrement votre attention sur l'importance de cette prescription légale formelle dont l'inexécution constatée serait de nature à ouvrir juridiquement à la caisse autonome mutuelle un droit de recours contre les parties responsables.

Seuls « les emplois accessoires d'importance réduite ou de caractère saisonnier » pourront être confiés à des agents retraités, sans obligation de réaffiliation, comme le prévoit le dernier alinéa de l'article 7 de la nouvelle loi. Mais il vous appartiendra de soumettre chaque cas d'espèce à l'appréciation de la caisse autonome mutuelle pour avis conforme.

IV. — Liquidations diverses.

L'article 12 de la loi du 31 mars 1928 prescrit explicitement la justification d'une durée minimum de quinze années d'*affiliation* pour l'obtention d'une retraite différée.

C'est avec intention que le législateur a employé le mot *affiliation* au lieu du mot *service*. La distinction essentielle entre ces deux termes a été clairement établie dans les travaux préparatoires de la loi et il en résulte que la condition minimum de quinze années d'affiliation qui implique nécessairement celle de quinze années de versements, s'impose obligatoirement à tous les agents, y *compris ceux de la période transitoire.*

Dans ces conditions, il ne pourra être procédé pendant un certain nombre d'années encore qu'à des liquidations de comptes, comportant capitalisation de tout ou partie des versements inscrits au compte individuel des agents et attribution de rentes viagères, à capital aliéné, immédiates ou différées. Les demandes de liquidation de cette nature présentées en vertu du dernier alinéa de l'article 9 précité seront établies sur la formule n° 27, qui en cas de remboursement, devra parvenir à la caisse autonome mutuelle, sous pli recommandé dans la quinzaine qui suivra la date de cessation des fonctions. La formule n° 28 sera utilisée pour les demandes de liquidation de rente différée dans les termes du 4e alinéa de l'article 12 de la nouvelle loi.

Vous voudrez bien noter, d'une part, que la formule n° 19 *ter* est supprimée et que, d'autre part, la formule n° 16 précédemment établie en vue de l'application de l'ancien article 17 de la loi du 22 juillet 1922 est devenue sans objet depuis le 1er janvier 1927. Cette dernière ne pourrait être encore utilisée que pour les transferts de comptes consécutifs à une cessation de service antérieure à cette dernière date.

V. — Nouveaux salaires de base pour la liquidation des retraites.

Au salaire moyen des six dernières années sur lequel était précédemment basée la liquidation des retraites, la loi du 31 mars 1928 vient de substituer le salaire moyen des trois dernières années.

Le relevé de salaires qui est habituellement annexé aux formules de demandes des modèles n°s 3, 5 et 10 ne devra donc plus comporter désormais que les salaires afférents aux trente-six derniers mois qui ont immédiatement précédé la mise à la retraite, les agents conservant d'ailleurs toujours le droit d'assurer de leurs deniers le versement de la totalité des cotisations légales pendant les périodes de maladie, sans solde entière, et dans la limite du maximum d'une année continue.

En outre, lorsque la demande de pension sera motivée par une invalidité professionnelle, reconnue dans les formes prescrites par la loi du 9 avril 1898 et ses extensions ultérieures, vous voudrez bien compléter ledit relevé par l'indication du salaire soumis à retenue effectivement touché pendant les douze mois qui auront précédé l'accident, ouvrant droit à la retraite.

VI. — Révision des pensions.

En exécution de l'article 14 de la loi du 31 mars 1928, la caisse autonome mutuelle procède directement à la révision des pensions déjà liquidées, en commençant par les plus âgés des retraités. Les renseignements fournis lors de l'établissement de dossiers primitifs permettent de ne plus recourir, dans la plupart des cas, à une consultation nouvelle des compagnies, et toute diligence sera faite pour que les nouveaux livrets de pensions, comportant majorations, soient adressés dans le moindre délai possible aux bénéficiaires. Toutefois, étant donné l'importance du nombre des pensions à réviser, aucun délai ferme ne peut être fixé et la caisse autonome mutuelle compte sur la sagesse de tous ses anciens retraités pour lui faire crédit du temps matériellement nécessaire pour cette révision, qui doit d'autre part se poursuivre simultanément avec la liquidation des nouvelles pensions, en vue de donner une équitable satisfaction à tous les intérêts en cause.

Le Directeur de la Caisse autonome mutuelle,
G. CARTIER.

LISTE DES IMPRIMÉS

en usage à la Caisse autonome mutuelle de retraites
des Agents des chemins de fer secondaires d'intérêt général, des chemins de fer d'intérêt local et des tramways.

Nᵒˢ
d'ordre

1. Circulaire du 19 avril 1923 de la Caisse autonome mutuelle de retraites des agents des chemins de fer, etc.
2. Bulletin de renseignements (Mod. 1, *Circ. du 19 avril 1923*).
3. Bulletin de renseignements (Mod. 1 bis, *même circulaire*).
4. Bordereau sommaire des versements effectués (Mod. 2, *même circul.*).
5. Demande de liquidation de la pension de retraite, avec relevé des services au verso (Mod. 3, *même circulaire*).
6. Demande de liquidation dé pension de retraite à la caisse des retraites pour la vieillesse (Mod. 4, *même circulaire*).
6 bis Situation à produire en même temps qu'une demande de liquidation de pension ou de remboursements de capitaux réservés (Mod. 4 bis).
7. Demande de liquidation de pension de réversibilité (Mod. 5, *même circulaire*).
8. Relevé des services.
9. Relevé des traitements ou salaires pendant les six dernières années de services.
10. Bulletin spécial pour changement de situation d'un affilié.
11. Bordereau détaillé annuel de versement (Mod. 6, *même circulaire*).
12. Bordereau détaillé annuel des versements *supplémentaires* (Mod. 6 bis, *même circulaire*).
13. Bordereau récapitulatif des versements correspondant aux salaires (Mod. 6 ter, *même circulaire*).
14. Liste des livrets de la caisse nationale des retraites pour la vieillesse.
15. Compte individuel à tenir par les exploitants.
16. Demande de transfert de versements personnels. (*Circul. 10 juill.*, p. 3).
17. Déclaration d'invalidité à fournir à la commission de réforme (Mod. 9).
18. Demande de liquidation de retraite d'invalidité avec relevé des services (Mod. 10).
19. Demande de remboursement des versements inscrits au compte d'un agent décédé.
19 bis Demande de remboursement de versements dans les termes de l'article 15, § 1er dé la loi du 22 juillet 1922.

19 **ter** **Demande** de remboursement des versements effectués au compte d'un agent atteint par la limite d'âge, etc. (*Art. 14 de la loi du 22 juillet 1922*).

20. **Demande** de remboursement de versements supplémentaires.

21. **Acte de naissance** (*Modèle spécial au service de la Caisse autonome mutuelle*).

22. **Certificat** à produire par tout agent affilié à la Caisse autonome mutuelle et ayant été mobilisé au cours de la période 1914-1918. (*Application de l'art. 1er de la loi du 15 janvier 1925 portant modification de l'art. 12 de la loi du 22 juillet 1922*).

23. **Bordereau** détaillé annuel de versement (MOD. 6, *Alsace et Lorraine*).

24. **Bordereau** sommaire des versements effectués (MOD. 2, *Alsace et Lorraine*).

25. **Situation** à produire en même temps qu'une demande de liquidation de pension ou de remboursement de versements (MOD. 4 **bis**, *Alsace et Lorraine*).

26. **Demande** de transfert de versements personnels (*Alsace et Lorraine*).

27. **Demande** de liquidation de compte. (*Art. 14 de la loi du 22 juillet 1922 modifié par l'art. 9 de la loi du 31 mars 1928*).

28. **Demande** de liquidation de rente viagère à capital aliéné différée à l'âge de 60 ans.

Pour l'achat des divers imprimés ci-dessus, prière de s'adresser à l'**Imprimerie Administrative Centrale**, *8, rue de Furstenberg, à Paris (VIe).*

TABLE DES MATIÈRES

I. — LOIS

II. — DÉCRETS

III. — CIRCULAIRES

Imprimerie administrative centrale, 8, rue Furstenberg, Paris (6e) (3188-9-1928).